AF154992

Heinrich Heine, James Albert Harrison

Die Harzreise und Das Buch Le Grand

Heinrich Heine, James Albert Harrison

Die Harzreise und Das Buch Le Grand

ISBN/EAN: 9783742896223

Hergestellt in Europa, USA, Kanada, Australien, Japan

Cover: Foto ©ninafisch / pixelio.de

Manufactured and distributed by brebook publishing software
(www.brebook.com)

Heinrich Heine, James Albert Harrison

Die Harzreise und Das Buch Le Grand

INTRODUCTORY NOTE.

The region of the Hartz Mountains described in Heine's HARZREISE is one of the most interesting in Germany. The mountain-range covers some 1350 square miles in northwestern Germany, between the Elbe and the Weser, and culminates in the famous peak of the Brocken, nearly 4000 feet above the level of the sea. Its scenery is romantically lovely, and the Brocken-peak particularly is the centre of a thousand quaint and fantastic legends, some of which Heine sketches with his magic pencil. The singular optical phenomenon of the "Spectre of the Brocken" is seen on this mountain and Goethe has immortalized in his Faust some of the popular superstitions connected with the neighborhood. The vicinity of the mountain-range to Göttingen renders the Hartz excursions an easy and delightful temptation to the Göttingen students.

The editor has been materially assisted in the preparation of the notes by Strodtmann's exhaustive *Heine's Leben* and the work of C. G. Leland. While it has been impossible to trace and track out all the obscure allusions, particularly some of those in *Das Buch Le Grande*, the editor hopes that something has been done by the notes to render the text intelligible.

N. B.—It will be useless to consult any dictionary for many of Heine's unusual compound words. The student should resolve the compounds into their elements, and then look up the words

Die Harzreise.

(1824.)

Nichts ist dauernd als der Wechsel; nichts ist beständig als der Tod. Jeder Schlag des Herzens schlägt uns eine Wunde, und das Leben wäre ein ewiges Verbluten, wenn nicht die Dichtkunst wäre. Sie gewährt uns, was uns die Natur versagt: eine goldene Zeit, die nicht rostet, einen Frühling der nicht abblüht, wolkenloses Glück und ewige Jugend.

Schwarze Röcke, seid'ne Strümpfe,
Weiße höfliche Manschetten,
Sanfte Reden, Embrassiren —
Ach, wenn sie nur Herzen hätten!

Herzen in der Brust, und Liebe,
Warme Liebe in dem Herzen —
Ach, mich tödtet ihr Gesinge
Von erlog'nen Liebesschmerzen.

Auf die Berge will ich steigen,
Wo die frommen Hütten stehen,
Wo die Brust sich frei erschließet,
Und die freien Lüfte wehen.

Auf die Berge will ich steigen,
Wo die dunkeln Tannen ragen,
Bäche rauschen, Vögel singen,
Und die stolzen Wolken jagen.

Lebet wohl, ihr glatten Säle,
Glatte Herren! Glatte Frauen!
Auf die Berge will ich steigen,
Lachend auf Euch niederschauen.

————

Die Stadt Göttingen, berühmt durch ihre Würste und
Universität, gehört dem Könige von Hannover, und enthält
999 Feuerstellen, diverse Kirchen, eine Entbindungsanstalt,
eine Sternwarte, einen Karzer, eine Bibliothek und einen
Rathskeller, wo das Bier sehr gut ist. Der vorbeifließende
Bach heißt „die Leine", und dient des Sommers zum Baden;
das Wasser ist sehr kalt und an einigen Orten so breit, daß
Lüder wirklich einen großen Anlauf nehmen mußte, als er hin=
über sprang. Die Stadt selbst ist schön und gefällt einem am
besten, wenn man sie mit dem Rücken ansieht. Sie muß schon
sehr lange stehen; denn ich erinnere mich, als ich vor fünf
Jahren dort immatrikulirt und bald darauf konsiliirt wurde,
hatte sie schon dasselbe graue, altkluge Ansehen, und war schon
vollständig eingerichtet mit Schnurren, Pudeln, Dissertazionen,
Theedansants, Wäscherinnen, Compendien, Taubenbraten,
Guelfenorden, Promozionskutschen, Pfeifenköpfen, Hofräthen,
Justizräthen, Relegazionsräthen, Profaxen und anderen Faxen.
Einige behaupten sogar, die Stadt sei zur Zeit der Völkerwan=
derung erbaut worden, jeder deutsche Stamm habe damals ein
ungebundenes Exemplar seiner Mitglieder darin zurückgelassen,
und davon stammten alle die Vandalen, Friesen, Schwaben,
Teutonen, Sachsen, Thüringer u. s. w., die noch heut zu Tage
in Göttingen, hordenweis, und geschieden durch Farben der
Mützen und Pfeifenquäste über die Weenderstraße einherziehen,
auf den blutigen Wahlstätten der Rasenmühle, des Ritschen=
krugs und Bovdens sich ewig unter einander herumschlagen, in
Sitten und Gebräuchen, noch immer wie zur Zeit der Völker=
wanderung dahinleben, und theils durch ihre Duces, welche

Haupthähne heißen, theils durch ihr uraltes Gesetzbuch, welches
Comment heißt und in den legibus barbarorum eine Stelle
verdient, regiert werden.

Im Allgemeinen werden die Bewohner Göttingens einge=
theilt in Studenten, Professoren, Philister und Vieh; welche
vier Stände doch nichts weniger als streng geschieden sind.
Der Viehstand ist der bedeutendste. Die Namen aller Stu=
denten und aller ordentlichen und unordentlichen Professoren
hier herzuzählen, wäre zu weitläuftig; auch sind mir in diesem
Augenblick nicht alle Studentennamen im Gedächtnisse, und unter
den Professoren sind manche, die noch gar keinen Namen haben.
Die Zahl der Göttinger Philister muß sehr groß sein, wie der
Sand, oder besser gesagt, wie Koth am Meer; wahrlich, wenn
ich sie des Morgens, mit ihren schmutzigen Gesichtern und
weißen Rechnungen vor den Pforten des akademischen Gerichtes
aufgepflanzt sah, so mochte ich kaum begreifen, wie Gott nur so
viel Lumpenpack erschaffen konnte.

Ausführlicheres über die Stadt Göttingen läßt sich sehr
bequem nachlesen in der Topographie derselben von K. F. H.
Marx. Obzwar ich gegen den Verfasser, der mein Arzt war und
mir viel Liebes erzeigte, die heiligsten Verpflichtungen hege, so
kann ich doch sein Werk nicht unbedingt empfehlen, und ich muß
tadeln, daß er jener falschen Meinung, als hätten die Göttin=
gerinnen allzugroße Füße, nicht streng genug widerspricht. Ja,
ich habe mich sogar seit Jahr und Tag mit einer ernsten Widerle=
gung dieser Meinung beschäftigt, ich habe deshalb vergleichende
Anatomie gehört, die seltensten Werke auf der Bibliothek excerpirt,
auf der Weenderstraße stundenlang die Füße der vorübergehen=
den Damen studirt, und in der grundgelehrten Abhandlung, so
die Resultate dieser Studien enthalten wird, spreche ich 1° von
den Füßen überhaupt, 2° von den Füßen bei den Alten, 3° von
den Füßen der Elephanten, 4° von den Füßen der Göttin=
gerinnen, 5° stelle ich Alles zusammen, was über diese Füße
auf Ullrichs Garten schon gesagt worden, 6° betrachte ich diese

Füße in ihrem Zusammenhang, und verbreite mich bei dieser Gele=
genheit auch über Waden, Knie u. s. w., und endlich 7⁰, wenn
ich nur so großes Papier auftreiben kann, füge ich noch hinzu
einige Kupfertafeln mit dem Facsimile Göttingischer Damen=
füße. —

Es war noch sehr früh, als ich Göttingen verließ, und der
gelehrte * * lag gewiß noch im Bette und träumte wie gewöhn=
lich: er wandle in einem schönen Garten, auf dessen Beeten
lauter weiße, mit Citaten beschriebene Papierchen wachsen, die
im Sonnenlicht lieblich glänzen, und von denen er hier und da
mehrere pflückt, und mühsam in ein neues Beet verpflanzt,
während die Nachtigallen mit ihren süßesten Tönen sein altes
Herz erfreuen.

Vor dem Weender Thore begegneten mir zwei eingeborne kleine
Schulknaben, wovon der Eine zum Andern sagte: „Mit dem
Theodor will ich gar nicht mehr umgehen, er ist ein Lumpen=
kerl, denn gestern wußte er nicht mal wie der Genitiv von
Mensa heißt." So unbedeutend diese Worte klingen, so muß
ich sie doch wieder erzählen, ja, ich möchte sie als Stadt=Motto
gleich auf das Thor schreiben lassen; denn die Jungen piepen,
wie die Alten pfeifen, und jene Worte bezeichnen ganz den
engen, trocknen Notizenstolz der hochgelahrten Georgia Augusta.

Auf der Chaussee wehte frische Morgenluft, und die Vögel
sangen gar freudig, und auch mir wurde allmählig wieder
frisch und freudig zu Muthe. Eine solche Erquickung that
Noth. Ich war die letzte Zeit nicht aus dem Pandektenstall
herausgekommen, römische Casuisten hatten mir den Geist wie
mit einem grauen Spinnweb überzogen, mein Herz war wie
eingeklemmt zwischen den eisernen Paragraphen selbstsüchtiger
Rechtssysteme, beständig klang es mir noch in den Ohren wie
„Tribonian, Justinian, Hermogenian und Dummerjahn,"
und ein zärtliches Liebespaar, das unter einem Baume saß,
hielt ich gar für eine Corpusjuris=Ausgabe mit verschlungenen
Händen. Auf der Landstraße fing es an lebendig zu werden.

Milchmädchen zogen vorüber; auch Eseltreiber mit ihren grauen Zöglingen. Hinter Weende begegneten mir der Schäfer und Doris. Dieses ist nicht das idyllische Paar, wovon Geßner singt, sondern es sind wohlbestallte Universitätspedelle, die wachsam aufpassen müssen, daß sich keine Studenten in Bovden duelliren, und daß keine neue Ideen, die noch immer einige Dezennien vor Göttingen Quarantaine halten müssen, von einem spekulirenden Privatdozenten eingeschmuggelt werden. Schäfer grüßte mich sehr kollegialisch; denn er ist ebenfalls Schriftsteller, und hat meiner in seinen halbjährigen Schriften oft erwähnt; wie er mich denn auch außerdem oft citirt hat, und, wenn er mich nicht zu Hause fand, immer so gütig war, die Citation mit Kreide auf meine Stubenthür zu schreiben. Dann und wann rollte auch ein Einspänner vorüber, wohlbe= packt mit Studenten, die für die Ferienzeit, oder auch für immer wegreisten. In solch einer Universitätsstadt ist ein beständiges Kommen und Abgehen, alle drei Jahre findet man dort eine neue Studentengeneration, das ist ein ewiger Menschenstrom, wo eine Semesterwelle die andere fortdrängt, und nur die alten Professoren bleiben stehen in dieser allgemeinen Bewegung, unerschütterlich fest, gleich den Pyramiden Egyptens — nur daß in diesen Universitätspyramiden keine Weisheit verbor= gen ist.

Aus den Myrthenlauben bei Rauschenwasser sah ich zwei hoffnungsvolle Jünglinge hervorreiten. — — —

— — — — — —

— — — — — —

— — — — — —

— — — — — —

Die Jünglinge aber jagten nach Nörten, und johlten gar geist= reich, und sangen gar lieblich das Rossin'sche Lied: „Trink Bier, liebe, liebe Lise!" Diese Töne hörte ich noch lange in der Ferne; doch die holden Sänger selbst verlor ich bald völlig aus

dem Gesichte, sintemal sie ihre Pferde, die im Grunde einen
deutsch langsamen Charakter zu haben schienen, gar entsetzlich
anspornten und vorwärtspeitschten. Nirgends wird die Pferde-
schinderei stärker getrieben als in Göttingen, und oft, wenn ich
sah, wie solch eine schweißtriefende, lahme Kracke für das bischen
Lebensfutter, von unsern Rauschenwasserrittern abgequält ward,
oder wohl gar einen ganzen Wagen voll Studenten fortziehen
mußte, so dachte ich auch: „O du armes Thier, gewiß haben
deine Vorältern im Paradiese verbotenen Hafer gefressen!"

Im Wirthshause zu Nörten traf ich die beiden Jünglinge
wieder. Der eine verzehrte einen Heringssalat, und der andere
unterhielt sich mit der gelbledernen Magd, Fusia Canina,   *
* * * genannt. Er sagte ihr einige Anständigkeiten, und
am Ende wurden sie Hand-gemein. Um meinen Ranzen zu
erleichtern, nahm ich die eingepackten blauen Hosen, die in ge-
schichtlicher Hinsicht sehr merkwürdig sind, wieder heraus und
schenkte sie dem kleinen Kellner, den man Colibri nennt. Die
Bussenia, die alte Wirthin, brachte mir unterdessen ein Butter-
brod, und beklagte sich, daß ich sie jetzt so selten besuche; denn
sie liebt mich sehr.

Hinter Nörten stand die Sonne hoch und glänzend am
Himmel. Sie meinte es recht ehrlich mit mir und erwärmte
mein Haupt, daß alle unreife Gedanken darin zur Vollreife
kamen. Die liebe Wirthshaussonne in Nordheim ist auch nicht
zu verachten; ich kehrte hier ein, und fand das Mittagessen
schon fertig. Alle Gerichte waren schmackhaft zubereitet, und
wollten mir besser behagen, als die abgeschmackten akademischen
Gerichte, die salzlosen, ledernen Stockfische mit ihrem alten
Kohl, die mir in Göttingen vorgesetzt wurden. Nachdem ich
meinen Magen etwas beschwichtigt hatte, bemerkte ich in derselben Wirthsstube einen Herrn mit zwei Damen, die im Begriff waren abzureisen. Dieser Herr war ganz grün gekleidet,
trug sogar eine grüne Brille, die auf seine rothe Kupfernase
einen Schein wie Grünspan warf, und sah aus, wie der König

Nebukadnezar in seinen spätern Jahren ausgesehen hat, als er, der Sage nach, gleich einem Thiere des Waldes, nichts als Salat aß. Der Grüne wünschte, daß ich ihm ein Hotel in Göttingen empfehlen möchte, und ich rieth ihm, dort von dem ersten besten Studenten das Hotel de Brühbach zu erfragen. Die eine Dame war die Frau Gemahlin, eine gar große, weitläuftige Dame, ein rothes Quadratmeilen-Gesicht mit Grübchen in den Wangen, die wie Spucknäpfe für Liebesgötter aussahen, ein langfleischig herabhängendes Unterkinn, das eine schlechte Fortsetzung des Gesichtes zu sein schien, und ein hoch aufgestapelter Busen, der mit steifen Spitzen und vielzackig festonirten Krägen, wie mit Thürmchen und Bastionen umbaut war, und einer Festung glich, die gewiß eben so wenig wie jene anderen Festungen, von denen Philipp von Macedonien spricht, einem mit Gold beladenen Esel widerstehen würde. Die andere Dame, die Frau Schwester, bildete ganz den Gegensatz der eben beschriebenen. Stammte jene von Pharaos fetten Kühen, so stammte diese von den magern. Das Gesicht nur ein Mund zwischen zwei Ohren, die Brust trostlos öde, wie die Lüneburger Heide; die ganze ausgekochte Gestalt glich einem Freitisch für arme Theologen. Beide Damen fragten mich zu gleicher Zeit: ob im Hotel de Brühbach auch ordentliche Leute logirten. Ich bejahte es mit gutem Gewissen, und als das holde Kleeblatt abfuhr, grüßte ich nochmals zum Fenster hinaus. Der Sonnenwirth lächelte gar schlau und mochte wohl wissen, daß der Karzer von den Studenten in Göttingen Hotel de Brühbach genannt wird.

Hinter Nordheim wird es schon gebirgig und hier und da treten schöne Anhöhen hervor. Auf dem Wege traf ich meistens Krämer, die nach der Braunschweiger Messe zogen, auch einen Schwarm Frauenzimmer, deren jede ein großes, fast häuserhohes, mit weißem Leinen überzogenes Behältniß auf dem Rücken trug. Darin saßen allerlei gefangene Singvögel, die beständig piepsten und zwitscherten, während ihre Trägerinnen

luftig dahinhüpften und schwazten. Mir kam es gar närrisch
vor, wie so ein Vogel den andern zu Markte trägt.

In pechdunkler Nacht kam ich an zu Osterode. Es fehlte
mir der Appetit zum Essen und ich legte mich gleich zu Bette.
Ich war müde wie ein Hund, und schlief wie ein Gott. Im
Traume kam ich wieder nach Göttingen zurück, und zwar nach
der dortigen Bibliothek. Ich stand in einer Ecke des juristischen
Saales, durchstöberte alte Dissertazionen, vertiefte mich im
Lesen, und als ich aufhörte, bemerkte ich zu meiner Verwun=
derung, daß es Nacht war, und herabhängende Kristall=Leuchter
den Saal erhellten. Die nahe Kirchenglocke schlug eben zwölf,
die Saalthüre öffnete sich langsam, und herein trat eine stolze,
gigantische Frau, ehrfurchtsvoll begleitet von den Mitgliedern
und Anhängern der juristischen Facultät. Das Riesenweib,
obgleich schon bejahrt, trug dennoch im Antlitz die Züge einer
strengen Schönheit, jeder ihrer Blicke verrieth die hohe Titanin,
die gewaltige Themis, Schwert und Wage hielt sie nachlässig
zusammen in der einen Hand, in der andern hielt sie eine Per=
gamentrolle, zwei Doctores juris trugen die Schleppe ihres
grau verblichenen Gewandes, an ihrer rechten Seite sprang
windig hin und her der dünne Hofrath Rusticus, der Lykurg
Hannovers, und deklamirte aus seinem neuen Gesetzentwurf;
an ihrer linken Seite humpelte, gar galant und wohlgelaunt,
ihr Cavaliere servente, der geheime Justizrath Cujacius,
und riß beständig juristische Witze, und lachte selbst darüber so
herzlich, daß sogar die ernste Göttin sich mehrmals lächelnd zu
ihm herabbeugte, mit der großen Pergamentrolle ihm auf die
Schulter klopfte, und freundlich zuflüsterte: „Kleiner, loser
Schalk, der die Bäume von oben herab beschneidet!" Jeder
von den übrigen Herren trat jetzt ebenfalls näher und hatte
etwas hin zu bemerken und hin zu lächeln, etwa ein neu ergrü=
beltes Systemchen, oder Hypoteschen, oder ähnliches Mißge=
bürtchen des eigenen Köpfchens. Durch die geöffnete Saal=
thür traten auch noch mehrere fremde Herren herein, die sich

als die andern großen Männern des illuſtren Ordens kund
gaben, meiſtens eckige, lauernde Geſellen, die mit breiter Selbſt=
zufriedenheit gleich darauf los definirten und diſtinguirten und
über jedes Titelchen eines Pandektentitels disputirten. Und
immer kamen noch neue Geſtalten herein, alte Rechtsgelehrten,
in verſchollenen Trachten, mit weißen Alongeperücken und
längſt vergeſſenen Geſichtern, und ſehr erſtaunt, daß man ſie,
die Hochberühmten des verfloſſenen Jahrhunderts, nicht ſonder=
lich regardirte; und dieſe ſtimmten nun ein, auf ihre Weiſe, in
das allgemeine Schwatzen und Schrillen und Schreien, das,
wie Meeresbrandung, immer verwirrter und lauter, die hohe
Göttin umrauſchte, bis dieſe die Geduld verlor, und in einem
Tone des entſetzlichſten Rieſenſchmerzes plötzlich aufſchrie:
„Schweigt! ſchweigt! ich höre die Stimme des theuren Prome=
theus, die höhnende Kraft und die ſtumme Gewalt ſchmieden
den Schuldloſen an den Marterfelſen, und all Euer Geſchwätz
und Gezänke kann nicht ſeine Wunden kühlen und ſeine Feſſeln
zerbrechen!“ So rief die Göttin, und Thränenbäche ſtürzten
aus ihren Augen, die ganze Verſammlung heulte wie von To=
desangſt ergriffen, die Decke des Saales krachte, die Bücher
taumelten herab von ihren Brettern, vergebens trat der alte
Münchhauſen aus ſeinem Rahmen hervor, um Ruhe zu ge=
bieten, es tobte und kreiſchte immer wilder, — und fort aus
dieſem drängenden Tollhauslärm rettete ich mich in den hiſtori=
ſchen Saal, nach jener Gnadenſtelle, wo die heiligen Bilder
des belvederiſchen Apoll's und der mediceiſchen Venus neben
einander ſtehen, und ich ſtürzte zu den Füßen der Schönheits=
göttin, in ihrem Anblick vergaß ich all das wüſte Treiben, dem
ich entronnen, meine Augen tranken entzückt das Ebenmaß und
die ewige Lieblichkeit ihres hochgebenedeiten Leibes, griechiſche
Ruhe zog durch meine Seele, und über mein Haupt, wie himm=
liſchen Segen, goß ſeine ſüßeſten Lyraklänge Phöbus Apollo.

Erwachend hörte ich noch immer ein freundliches Klingen.
Die Heerden zogen auf die Weide und es läuteten ihre Glöck=

chen. Die liebe, goldene Sonne schien durch das Fenster und
beleuchtete die Schildereien an den Wänden des Zimmers.
Es waren Bilder aus dem Befreiungskriege, worauf treu dar=
gestellt stand, wie wir alle Helden waren, dann auch die Hin=
richtungs=Scenen aus der Revolutionszeit, Ludwig XVI.· auf
der Guillotine und ähnliche Kopfabschneidereien, die man gar
nicht ansehen kann, ohne Gott zu danken, daß man ruhig im
Bette liegt, und guten Kaffee trinkt und den Kopf noch so recht
comfortabel auf den Schultern sitzen hat.

Nachdem ich Kaffee getrunken, mich angezogen, die Inschrif=
ten auf den Fensterscheiben gelesen, und alles im Wirthshause
berichtigt hatte, verließ ich Osterode.

Diese Stadt hat so und so viel Häuser, verschiedene Ein=
wohner, worunter auch mehrere Seelen, wie in Gottschalk's
„Taschenbuch für Harzreisende" genauer nachzulesen ist. Ehe
ich die Landstraße einschlug, bestieg ich die Trümmer der uralten
Osteroder Burg. Sie bestehen nur noch aus der Hälfte eines
großen, dickmaurigen, wie von Krebsschäden angefressenen
Thurms. Der Weg nach Clausthal führte mich wieder bergauf,
und von einer der ersten Höhen schaute ich nochmals hinab in
das Thal, wo Osterode mit seinen rothen Dächern aus den grü=
nen Tannenwäldern hervor guckt, wie eine Moosrose. Die
Sonne gab eine gar liebe, kindliche Beleuchtung. Von der erhal=
tenen Thurmhälfte erblickte man hier die imponirende Rückseite.

Nachdem ich eine Strecke gewandert, traf ich zusammen mit
einem reisenden Handwerksburschen, der von Braunschweig
kam und mir als ein dortiges Gerücht erzählte: der junge Herzog
sei auf dem Wege nach dem gelobten Lande von den Türken ge=
fangen worden, und könne nur gegen ein großes Lösegeld frei
kommen. Die große Reise des Herzogs mag diese Sage ver=
anlaßt haben. Das Volk hat noch immer den traditionell fabel=
haften Ideengang, der sich so lieblich ausspricht in seinem
„Herzog Ernst". Der Erzähler jener Neuigkeit war ein
Schneidergesell, ein niedlicher, kleiner, junger Mensch, so dünn,

daß die Sterne durchschimmern konnten, wie durch Ossian's Nebelgeister, und im Ganzen eine volksthümlich barocke Mischung von Laune und Wehmuth. Dieses äußerte sich besonders in der drollig rührenden Weise, womit er das wunderbare Volkslied sang: „Ein Käfer auf dem Zaune saß, summ, summ!" Das ist schön bei uns Deutschen; Keiner ist so verrückt, daß er nicht einen noch Verrückteren fände, der ihn versteht. Nur ein Deutscher kann jenes Lied nachempfinden, und sich dabei todtlachen und todtweinen. Wie tief das Goethe'sche Wort in's Leben des Volkes gedrungen, bemerkte ich auch hier. Mein dünner Weggenosse trillerte ebenfalls zuweilen vor sich hin: „Leidvoll und freudvoll, Gedanken sind frei!" · Solche Corruption des Textes ist bei'm Volke etwas Gewöhnliches. Er sang auch ein Lied, wo „Lottchen bei dem Grabe ihres Werthers" trauert. Der Schneider zerfloß vor Sentimentalität bei den Worten: „Einsam wein' ich an der Rosenstelle, wo uns oft der späte Mond belauscht! Jammernd irr' ich an der Silberquelle, die uns lieblich Wonne zugerauscht." Aber bald darauf ging er in Muthwillen über, und erzählte mir: „Wir haben einen Preußen in der Herberge zu Cassel, der eben solche Lieder selbst macht; er kann keinen seligen Stich nähen; hat er einen Groschen in der Tasche, so hat er für zwei Groschen Durst, und wenn er im Thran ist, hält er den Himmel für ein blaues Camisol, und weint wie eine Dachtraufe, und singt ein Lied mit der doppelten Poesie!" Von letzterem Ausdruck wünschte ich eine Erklärung, aber mein Schneiderlein, mit seinen Ziegenhainer Beinchen, hüpfte hin und her und rief beständig: „Die doppelte Poesie ist die doppelte Poesie!" Endlich brachte ich es heraus, daß er doppelt gereimte Gedichte, namentlich Stanzen im Sinne hatte. — Unterdeß durch große Bewegung und durch den contrairen Wind, war der Ritter von der Nadel sehr müde geworden. Er machte freilich noch einige große Anstalten zum Gehen und bramarbasirte: „Jetzt will ich den Weg zwischen die Beine nehmen!" Doch bald klagte er, daß er sich Blasen unter die

Füße gegangen und die Welt viel zu weitläuftig sei: und endlich,
bei einem Baumstamme ließ er sich sachte niedersinken, bewegte
sein zartes Häuptlein wie ein betrübtes Lämmerschwänzchen,
und wehmüthig lächelnd rief er: „Da bin ich armes Schind=
luderchen schon wieder marode."

Die Berge wurden hier noch steiler, die Tannenwälder wog=
ten unten wie ein grünes Meer, und am blauen Himmel oben
schifften die weißen Wolken. Die Wildheit der Gegend war
durch ihre Einheit und Einfachheit gleichsam gezähmt. Wie
ein guter Dichter, liebt die Natur keine schroffen Uebergänge.
Die Wolken, so bizarr gestaltet sie auch zuweilen erscheinen,
tragen ein weißes, oder doch ein mildes, mit dem blauen
Himmel und der grünen Erde harmonisch correspondirendes
Colorit, so daß alle Farben einer Gegend wie leise Musik in
einander schmelzen, und jeder Naturanblick krampfstillend und
gemüthberuhigend wirkt. — Der selige Hoffmann würde die
Wolken buntscheckig bemalt haben. — Eben wie ein großer
Dichter, weiß die Natur auch mit den wenigsten Mitteln die
größten Effecte hervor zu bringen. Da sind nur eine Sonne,
Bäume, Blumen, Wasser und Liebe. Freilich, fehlt letztere
im Herzen des Beschauers, so mag das Ganze wohl einen
schlechten Anblick gewähren, und die Sonne hat dann blos so
und so viel Meilen im Durchmesser, und die Bäume sind gut
zum Einheizen, und die Blumen werden nach den Staubfäden
classifizirt, und das Wasser ist naß.

Ein kleiner Junge, der für seinen kranken Oheim im Walde
Reisig suchte, zeigte mir das Dorf Lerrbach, dessen kleine Hütten,
mit grauen Dächern, sich über eine halbe Stunde durch das
Thal hinziehen. „Dort," sagte er, „wohnen dumme Kropf=
leute und weiße Mohren," — mit letzterem Namen werden die
Albinos vom Volke benannt. Der kleine Junge stand mit den
Bäumen in gar eigenem Einverständniß; er grüßte sie wie gute
Bekannte, und sie schienen rauschend seinen Gruß zu erwiedern.
Er pfiff wie ein Zeisig, ringsum antworteten zwitschernd die

andern Vögel, und ehe ich mich dessen versah, war er mit seinen
nackten Füßchen und seinem Bündel Reisig in's Walddickigt
fortgesprungen. Die Kinder, dacht' ich, sind jünger als wir,
können sich noch erinnern, wie sie ebenfalls Bäume oder Vögel
waren, und sind also noch im Stande, dieselben zu verstehen;
unsereins aber ist schon alt und hat zu viel Sorgen, Jurispru-
denz und schlechte Verse im Kopf. Jene Zeit, wo es anders
war, trat mir bei meinem Eintritt in Clausthal wieder recht leb-
haft in's Gedächtniß. In dieses nette Bergstädtchen, welches
man nicht früher erblickt, als bis man davor steht, gelangte ich,
als eben die Glocke zwölf schlug und die Kinder jubelnd aus der
Schule kamen. Die lieben Knaben, fast alle rothbäckig, blau-
äugig und flachshaarig, sprangen und jauchzten, und weckten in
mir die wehmüthig heitere Erinnerung, wie ich einst selbst, als
ein kleines Bübchen, in einer dumpfkatholischen Klosterschule zu
Düsseldorf den ganzen lieben Vormittag von der hölzernen Bank
nicht aufstehen durfte, und so viel Latein, Prügel und Geographie ausstehen mußte, und dann ebenfalls unmäßig jauchzte und
jubelte, wenn die alte Franziskanerglocke endlich zwölf schlug.
Die Kinder sahen an meinem Ranzen, daß ich ein Fremder sei,
und grüßten mich recht gastfreundlich. Einer der Knaben erzählte mir, sie hätten eben Religionsunterricht gehabt, und er
zeigte mir den Königl. Hannov. Katechismus, nach welchem
man ihnen das Christenthum abfragt. Dieses Büchlein war
sehr schlecht gedruckt, und ich fürchte, die Glaubenslehren machen
dadurch schon gleich einen unerfreulich löschpapierigen Eindruck
auf die Gemüther der Kinder; wie es mir denn auch erschreck-
lich mißfiel, daß das Einmal-Eins, welches doch mit der heiligen
Dreiheitslehre bedenklich collidirt, im Katechismus selbst, und
zwar auf dem letzten Blatte desselben, abgedruckt ist, und die
Kinder dadurch schon frühzeitig zu sündhaften Zweifeln verleitet
werden können. Da sind wir im Preußischen viel klüger, und
bei unserem Eifer zur Belehrung jener Leute, die sich so gut
auf's Rechnen verstehen, hüten wir uns wohl, das Einmal-

Eins hinter dem Katechismus abdrucken zu lassen. — In der „Krone" zu Clausthal hielt ich Mittag. Ich bekam frühlingsgrüne Petersiliensuppe, veilchenblauen Kohl, einen Kalbsbraten, groß wie der Chimborasso in Miniatur, so wie auch eine Art geräucherter Hering, die Bückinge heißen, nach dem Namen ihres Erfinders, Wilhelm Bücking, der 1447 gestorben, und um jener Erfindung willen von Carl V. so verehrt wurde, daß derselbe anno 1556 von Middelburg nach Bievlied in Seeland reiste, blos um dort das Grab dieses großen Mannes zu sehen. Wie herrlich schmeckt doch solch ein Gericht, wenn man die historischen Notizen dazu weiß, und es selbst verzehrt. Nur der Kaffee nach Tische wurde mir verleidet, indem sich ein junger Mensch diskursirend zu mir setzte und so entsetzlich schwadronirte, daß die Milch auf dem Tische sauer wurde. Es war ein junger Handlungsbeflissener mit fünf und zwanzig bunten Westen und eben so viel goldenen Petschaften, Ringen, Brustnadeln u. s. w. Er sah aus wie ein Affe, der eine rothe Jacke angezogen hat und nun zu sich selber sagt: Kleider machen Leute. Eine ganze Menge Charaden wußte er auswendig, so wie auch Anekdoten, die er immer da anbrachte, wo sie am wenigsten paßten. Er fragte mich, was es in Göttingen Neues gäbe, und ich erzählte ihm: daß vor meiner Abreise von dort ein Decret des akademischen Senats erschienen, worin bei drei Thaler Strafe verboten wird, den Hunden die Schwänze abzuschneiden, indem die tollen Hunde in den Hundstagen die Schwänze zwischen den Beinen tragen, und man sie dadurch von den Nichttollen unterscheidet, was doch nicht geschehen könnte, wenn sie gar keine Schwänze haben. — Nach Tische machte ich mich auf den Weg, die Gruben, die Silberhütten und die Münze zu besuchen.

In den Silberhütten habe ich, wie oft im Leben, den Silberblick verfehlt. In der Münze traf ich es schon besser, und konnte zusehen, wie das Geld gemacht wird. Freilich, weiter hab' ich es nie bringen können. Ich hatte bei solcher Gelegenheit immer das Zusehen, und ich glaube, wenn mal die Thaler vom Himmel herunter regneten, so bekäme ich davon nur Löcher in den Kopf, während die Kinder Israel die silberne Manna mit lustigem Muthe einsammeln würden. Mit einem Gefühl, worin gar komisch Ehrfurcht und Rührung gemischt waren, be= trachtete ich die neugebornen, blanken Thaler, nahm einen, der eben vom Prägstocke kam, in die Hand, und sprach zu ihm: junger Thaler! welche Schicksale erwarten dich! wie viel Gutes und wie viel Böses wirst du stiften! wie wirst du das Laster be= schützen und die Tugend flicken, wie wirst du geliebt und dann wieder verwünscht werden! wie wirst du schwelgen, kuppeln, lügen und morden helfen! wie wirst du rastlos umherirren, durch reine und schmutzige Hände, jahrhundertelang, bis du endlich, schuldbeladen und sündenmüd, versammelt wirst zu den Deinigen im Schooße Abraham's, der dich einschmelzt und läu= tert und umbildet zu einem neuen besseren Sein.

Das Befahren der zwei vorzüglichsten Clausthaler Gruben, der „Dorothea" und „Carolina," fand ich sehr interessant und ich muß ausführlich davon erzählen.

Eine halbe Stunde vor der Stadt gelangt man zu zwei großen schwärzlichen Gebäuden. Dort wird man gleich von den Berg= leuten in Empfang genommen. Diese tragen dunkle, gewöhn= lich stahlblaue, weite, bis über den Bauch herabhängende Jacken, Hosen von ähnlicher Farbe, ein hinten aufgebundenes Schurz= fell und kleine grüne Filzhüte ganz randlos, wie ein abgekappter Kegel. In eine solche Tracht, blos ohne Hinterleder, wird der Besuchende ebenfalls eingekleidet, und ein Bergmann, ein Stei= ger, nachdem er sein Grubenlicht angezündet, führt ihn nach einer dunkeln Oeffnung, die wie ein Kaminfegeloch aussieht, steigt bis an die Brust hinab, giebt Regeln, wie man sich an den Leitern festzuhalten habe, und bittet angstlos zu folgen. Die Sache selbst ist nichts weniger als gefährlich; aber man glaubt es nicht im Anfang, wenn man gar nichts vom Berg= wesen versteht. Es giebt schon eine eigene Empfindung, daß

man sich ausziehen und die dunkle Delinquententracht anziehen
muß. Und nun soll man auf allen Vieren hinab klettern, und das
dunkle Loch ist so dunkel, und Gott weiß, wie lang die Leiter
sein mag. Aber bald merkt man doch, daß es nicht eine ein=
zige, in die schwarze Ewigkeit hinablaufende Leiter ist, sondern
daß es mehrere von fünfzehn bis zwanzig Sprossen sind, deren
jede auf ein kleines Brett führt, worauf man stehen kann, und
worin wieder ein neues Loch nach einer neuen Leiter hinableitet.
Ich war zuerst in die Carolina gestiegen. Das ist die schmutzigste
und unerfreulichste Carolina, die ich je kennen gelernt habe.
Die Leitersprossen sind kothig naß. Und von einer Leiter zur
andern geht's hinab, und der Steiger voran, und dieser be=
theuert immer: es sei gar nicht gefährlich, nur müsse man sich
mit den Händen fest an den Sprossen halten, und nicht nach
den Füßen sehen, und nicht schwindlicht werden, und nur bei
Leibe nicht auf das Seitenbrett treten, wo jetzt das schnurrende
Tonnenseil heraufgeht, und wo, vor vierzehn Tagen ein unvor=
sichtiger Mensch hinunter gestürzt und leider den Hals ge=
brochen. Da unten ist ein verworrenes Rauschen und Summen,
man stößt beständig an Balken und Seile, die in Bewegung
sind, um die Tonnen mit geklopften Erzen, oder das hervorge=
sinterte Wasser, herauf zu winden. Zuweilen gelangt man auch
in durchgehauene Gänge, Stollen genannt, wo man das Erz
wachsen sieht, und wo der einsame Bergmann den ganzen Tag
sitzt und mühsam mit dem Hammer die Erzstücke aus der Wand
heraus klopft. Bis in die unterste Tiefe, wo man, wie Einige
behaupten, schon hören kann, wie die Leute in Amerika "Hurrah Lafayette!" schreien, bin ich nicht gekommen; unter uns
gesagt, dort, bis wohin ich kam, schien es mir bereits tief ge=
nug: — immerwährendes Brausen und Sausen, unheimliche
Maschinenbewegung, unterirdisches Quellengeriesel, von allen
Seiten herabtriefendes Wasser, qualmig aufsteigende Erddünste,
und das Grubenlicht immer bleicher hinein flimmernd in die
einsame Nacht. Wirklich, es war betäubend, das Athmen

wurde mir schwer, und mit Mühe hielt ich mich an den glitschrigen Leitersprossen. Ich habe keinen Anflug von soge= nannter Angst empfunden, aber, seltsam genug, dort unten in der Tiefe erinnerte ich mich, daß ich im vorigen Jahre, unge= fähr um dieselbe Zeit, einen Sturm auf der Nordsee erlebte, und ich meinte jetzt, es sei doch eigentlich recht traulich angenehm, wenn das Schiff hin und her schaukelt, die Winde ihre Trom= peterstückchen losblasen, zwischen drein der lustige Matrosen= lärm erschallt, und Alles frisch überschauert wird von Gottes lieber, freier Luft. Ja, Luft! — Nach Luft schnappend stieg ich einige Dutzend Leitern wieder in die Höhe, und mein Steiger führte mich durch einen schmalen, sehr langen, in den Berg ge= hauenen Gang nach der Grube Dorothea. Hier ist es luftiger und frischer, und die Leitern sind reiner, aber auch länger und steiler als in der Carolina. Hier wurde mir auch besser zu Muthe, besonders da ich wieder Spuren lebendiger Menschen gewahrte. In der Tiefe zeigten sich nämlich wandelnde Schim= mer; Bergleute mit ihren Grubenlichtern kamen allmälig in die Höhe, mit dem Gruße „Glückauf!" und mit demselben Wieder= gruße von unserer Seite stiegen sie an uns vorüber; und wie eine befreundet ruhige, und doch zugleich quälend räthselhafte Erinnerung, trafen mich, mit ihren tiefsinnig klaren Blicken, die ernst=frommen, etwas blassen, und vom Grubenlicht geheimniß= voll beleuchteten Gesichter dieser jungen und alten Männer, die in ihren dunkeln, einsamen Bergschachten den ganzen Tag gear= beitet hatten, und sich jetzt hinauf sehnten nach dem lieben Tages= licht, und nach den Augen von Weib und Kind.

Mein Cicerone selbst war eine kreuzehrliche, pudeldeutsche Natur. Mit innerer Freudigkeit zeigte er mir jene Stolle, wo der Herzog von Cambridge, als er die Grube befahren, mit seinem ganzen Gefolge gespeist hat, und wo noch der lange höl= zerne Tisch steht, so wie auch der große Stuhl von Erz, worauf der Herzog gesessen. Dieser bleibe zum ewigen Andenken stehen, sagte der gute Bergmann, und mit Feuer erzählte er: wie viele

Feſtlichkeiten damals ſtattgefunden, wie der ganze Stollen mit
Lichtern, Blumen und Laubwerk verziert geweſen, wie ein Berg=
knappe die Zither geſpielt und geſungen, wie der vergnügte, liebe,
dicke Herzog ſehr viele Geſundheiten ausgetrunken habe, und wie
viele Bergleute, und er ſelbſt ganz beſonders, ſich gern würden
todtſchlagen laſſen für den lieben, dicken Herzog und das ganze
Haus Hannover. — Innig rührt es mich jedesmal, wenn ich
ſehe, wie ſich dieſes Gefühl der Unterthanstreue in ſeinen ein=
fachen Naturlauten ausſpricht. Es iſt ein ſo ſchönes Gefühl!
Und es iſt ein ſo wahrhaft deutſches Gefühl! Andere Völker
mögen gewandter ſein, und witziger und ergötzlicher, aber keines
iſt ſo treu, wie das treue deutſche Volk. Wüßte ich nicht, daß
die Treue ſo alt iſt, wie die Welt, ſo würde ich glauben, ein
deutſches Herz habe ſie erfunden. Deutſche Treue! ſie iſt keine
moderne Adreſſenfloskel. An Euren Höfen, Ihr deutſchen
Fürſten, ſollte man ſingen und wieder ſingen das Lied von dem
getreuen Eckart und dem böſen Burgund, der ihm die lieben
Kinder tödten laſſen, und ihn alsdann doch noch immer treu
befunden hat. Ihr habt das treueſte Volk, und Ihr irrt, wenn
Ihr glaubt, der alte, verſtändige, treue Hund ſei plötzlich toll
geworden, und ſchnappe nach Euren geheiligten Waden.

Wie die deutſche Treue, hatte uns jetzt das kleine Gruben=
licht, ohne viel Geflacker, ſtill und ſicher geleitet durch das Laby=
rinth der Schachten und Stollen; wir ſtiegen hervor aus der
dumpfigen Bergnacht, das Sonnenlicht ſtrahlt' — Glück auf!

Die meiſten Bergarbeiter wohnen in Clausthal und in dem
damit verbundenen Bergſtädtchen Zellerfeld. Ich beſuchte
mehrere dieſer wackern Leute, betrachtete ihre kleine häusliche
Einrichtung, hörte einige ihrer Lieder, die ſie mit der Zither,
ihrem Lieblingsinſtrumente, gar hübſch begleiten, ließ mir alte
Bergmährchen von ihnen erzählen, und auch die Gebete her=
ſagen, die ſie in Gemeinſchaft zu halten pflegen, ehe ſie in den
dunkeln Schacht hinunter ſteigen, und manches gute Gebet habe
ich mit gebetet. Ein alter Steiger meinte ſogar, ich ſollte bei

ihnen bleiben und Bergmann werden; und als ich dennoch
Abschied nahm, gab er mir einen Auftrag an seinen Bruder,
der in der Nähe von Goslar wohnt, und viele Küsse für seine
liebe Nichte.

So stillstehend ruhig auch das Leben dieser Leute erscheint,
so ist es dennoch ein wahrhaftes, lebendiges Leben. Die stein=
alte, zitternde Frau, die, dem großen Schranke gegenüber,
hinter'm Ofen saß, mag dort schon ein Vierteljahrhundert lang
gesessen haben, und ihr Denken und Fühlen ist gewiß innig
verwachsen mit allen Ecken dieses Ofens und allen Schnitze=
leien dieses Schrankes. Und Schrank und Ofen leben, denn
ein Mensch hat ihnen einen Theil seiner Seele eingeflößt.

Nur durch solch tiefes Anschauungsleben, durch die „Un=
mittelbarkeit" entstand die deutsche Mährchenfabel, deren Eigen=
thümlichkeit darin besteht, daß nicht nur die Thiere und Pflanzen,
sondern auch ganz leblos scheinende Gegenstände sprechen und
handeln. Sinnigem, harmlosen Volke, in der stillen, umfrie=
deten Heimlichkeit seiner niedern Berg= oder Waldhütten offen=
barte sich das innere Leben solcher Gegenstände, diese gewannen
einen nothwendigen, consequenten Charakter, eine süße Mischung
von phantastischer Laune und rein menschlicher Gesinnung; und
so sehen wir im Mährchen, wunderbar und doch als wenn es
sich von selbst verstände: Nähnadel und Stecknadel kommen von
der Schneiderherberge und verirren sich im Dunkeln; Stroh=
halm und Kohle wollen über den Bach setzen und verunglücken;
Schippe und Besen stehen auf der Treppe und zanken und
schmeißen sich; der befragte Spiegel zeigt das Bild der schönsten
Frau; sogar die Blutstropfen fangen an zu sprechen, bange,
dunkle Worte des besorglichsten Mitleids. — Aus demselben
Grunde ist unser Leben in der Kindheit so unendlich bedeutend,
in jener Zeit ist uns Alles gleich wichtig, wir hören Alles, wir
sehen Alles, bei allen Eindrücken ist Gleichmäßigkeit, statt daß
wir späterhin absichtlicher werden, uns mit dem Einzelnen aus=
schließlicher beschäftigen, das klare Gold der Anschauung für

das Papiergeld der Bücherdefinitionen mühsam einwechseln, und
an Lebensbreite gewinnen, was wir an Lebenstiefe verlieren.
Jetzt sind wir ausgewachsene, vornehme Leute; wir beziehen oft
neue Wohnungen, die Magd räumt täglich auf, und verändert
nach Gutdünken die Stellung der Möbeln, die uns wenig inter-
essiren, da sie entweder neu sind, oder heute dem Hans, morgen
dem Isaak gehören; selbst unsere Kleider bleiben uns fremd,
wir wissen kaum, wie viel Knöpfe an dem Rocke sitzen, den wir
eben jetzt auf dem Leibe tragen; wir wechseln ja so oft als möglich mit Kleidungsstücken, keines derselben bleibt im Zusammenhange mit unserer inneren und äußeren Geschichte; — kaum
vermögen wir uns zu erinnern, wie jene braune Weste aussah,
die uns einst so viel Gelächter zugezogen hat, und auf deren
breiten Streifen dennoch die liebe Hand der Geliebten so lieblich
ruhte!

Die alte Frau, dem großen Schrank gegenüber, hinter'm
Ofen, trug einen geblümten Rock von verschollenem Zeuge, das
Brautkleid ihrer seligen Mutter. Ihr Urenkel, ein als Bergmann gekleideter, blonder blitzäugiger Knabe, saß zu ihren
Füßen und zählte die Blumen ihres Rockes, und sie mag ihm
von diesem Rocke wohl schon viele Geschichtchen erzählt haben,
viele ernsthafte, hübsche Geschichten, die der Junge gewiß
nicht so bald vergißt, die ihm noch oft vorschweben werden,
wenn er bald, als ein erwachsener Mann, in den nächtlichen
Stollen der Carolina einsam arbeitet, und die er vielleicht wieder
erzählt, wenn die liebe Großmutter längst todt ist, und er selber,
ein silberhaariger, erloschener Greis, im Kreise seiner Enkel sitzt,
dem großen Schranke gegenüber, hinter'm Ofen.

Ich blieb die Nacht ebenfalls in der Krone, wo unterdessen
auch der Hofrath B. aus Göttingen angekommen war. Ich
hatte das Vergnügen, dem alten Herrn meine Aufwartung zu
machen. Als ich mich in's Fremdenbuch einschrieb und im
Monat Juli blätterte, fand ich auch den vieltheuern Namen
Adalbert von Chamisso, den Biographen des unsterblichen

Schlemihl. Der Wirth erzählte mir: Dieser Herr sei in einem unbeschreibbar schlechten Wetter angekommen, und in einem eben so schlechten Wetter wieder abgereist.

Den andern Morgen mußte ich meinen Ranzen nochmals erleichtern, das eingepackte Paar Stiefel warf ich über Bord, und ich hob auf meine Füße und ging nach Goslar. Ich kam dahin, ohne zu wissen wie. Nur soviel kann ich mich erinnern: ich schlenderte wieder bergauf, bergab; schaute hinunter in manches hübsche Wiesenthal; silberne Wasser brausten, süße Waldvögel zwitscherten, die Heerdenglöckchen läuteten, die mannigfaltig grünen Bäume wurden von der lieben Sonne goldig angestrahlt, und oben war die blauseidene Decke des Himmels so durchsichtig, daß man tief hineinschauen konnte, bis in's Allerheiligste, wo die Engel zu den Füßen Gottes sitzen, und in den Zügen seines Antlitzes den Generalbaß studiren. Ich aber lebte noch in dem Traum der vorigen Nacht, den ich nicht aus meiner Seele verscheuchen konnte. Es war das alte Mährchen, wie ein Ritter hinabsteigt in einen tiefen Brunnen, wo unten die schönste Prinzessin zu einem starren Zauberschlafe verwünscht ist. Ich selbst war der Ritter, und der Brunnen die dunkle Clausthaler Grube, und plötzlich erschienen viele Lichter, aus allen Steinlöchern stürzten die wachsamen Zwerglein, schnitten zornige Gesichter, hieben nach mir mit ihren kurzen Schwerdtern, bliesen gellend in's Horn, daß immer mehr und mehr herzu eilten, und es wackelten entsetzlich ihre breiten Häupter. Wie ich darauf zuschlug und das Blut herausfloß, merkte ich erst, daß es die rothblühenden, langbärtigen Distel= köpfe waren, die ich den Tag vorher an der Landstraße mit dem Stocke abgeschlagen hatte. Da waren sie auch gleich alle verscheucht, und ich gelangte in einen hellen Prachtsaal; in der Mitte stand weiß verschleiert, und wie eine Bildsäule starr und regungslos, die Herzgeliebte, und ich küßte ihren Mund, und, bei'm lebendigen Gott! ich fühlte den beseligenden Hauch ihrer Seele und das süße Beben der lieblichen Lippen. Es war mir,

als hörte ich, wie Gott rief: „Es werde Licht!" blendend schoß
herab ein Strahl des ewigen Lichts; aber in demselben Augen=
blick wurde es wieder Nacht, und Alles rann chaotisch zusammen
in ein wildes, wüstes Meer! Ein wildes, wüstes Meer! über
das gährende Wasser jagten ängstlich die Gespenster der Ver=
storbenen, ihre weißen Todtenhemde flatterten im Winde, hinter
ihnen her, hetzend, mit klatschender Peitsche lief ein buntscheckiger
Harlequin, und dieser war ich selbst — und plötzlich aus den
dunkeln Wellen, reckten die Meerungethüme ihre mißgestalteten
Häupter, und langten nach mir mit ausgebreiteten Krallen, und
vor Entsetzen erwacht' ich.

Wie doch zuweilen die allerschönsten Mährchen verdorben
werden! Eigentlich muß der Ritter, wenn er die schlafende
Prinzessin gefunden hat, ein Stück aus ihrem kostbaren Schleier
heraus schneiden; und wenn durch seine Kühnheit ihr Zauber=
schlaf gebrochen ist, und sie wieder in ihrem Palast auf dem
goldenen Stuhle sitzt, muß der Ritter zu ihr treten und sprechen:
Meine allerschönste Prinzessin, kennst du mich? Und dann
antwortet sie: Mein allertapferster Ritter, ich kenne dich nicht.
Und dieser zeigt ihr alsdann das aus ihrem Schleier heraus
geschnittene Stück, das just in denselben wieder hineinpaßt, und
Beide umarmen sich zärtlich, und die Trompeter blasen, und
die Hochzeit wird gefeiert.

Es ist wirklich ein eigenes Mißgeschick, daß meine Liebes=
träume selten ein so schönes Ende nehmen.

Der Name Goslar klingt so erfreulich, und es knüpfen sich
daran so viele uralte Kaisererinnerungen, daß ich eine impo=
sante, stattliche Stadt erwartete. Aber so geht es, wenn man
die Berühmten in der Nähe besieht! Ich fand ein Nest mit mei=
stens schmalen, labyrinthisch krummen Straßen, allwo mitten=
durch ein kleines Wasser, wahrscheinlich die Gose, fließt, ver=
fallen und dumpfig, und ein Pflaster, so holprig wie Berliner
Hexameter. Nur die Alterthümlichkeiten der Einfassung, näm=
lich Reste von Mauern, Thürmen und Zinnen, geben der Stadt

etwas Pikantes. Einer dieser Thürme, der Zwinger genannt, hat so dicke Mauern, daß ganze Gemächer darin ausgehauen sind. Der Platz vor der Stadt, wo der weltberühmte Schützenhof gehalten wird, ist eine schöne große Wiese, ringsum hohe Berge. Der Markt ist klein, in der Mitte steht ein Springbrunnen, dessen Wasser sich in ein großes Metallbecken ergießt. Bei Feuersbrünsten wird einige Mal daran geschlagen; es giebt dann einen weitschallenden Ton. Man weiß nichts vom Ursprunge dieses Beckens. Einige sagen, der Teufel habe es einst, zur Nachtzeit, dort auf den Markt hingestellt. Damals waren die Leute noch dumm, nnd der Teufel war auch dumm, und sie machten sich wechselseitig Geschenke.

Das Rathhaus zu Goslar ist eine weißangestrichene Wachtstube. Das daneben stehende Gildenhaus hat schon ein besseres Ansehen. Ungefähr von der Erde und vom Dach gleich weit entfernt stehen da die Standbilder deutscher Kaiser, räucherig schwarz und zum Theil vergoldet, in der einen Hand das Scepter, in der andern die Weltkugel; sehen aus wie gebratene Universitätspedelle. Einer dieser Kaiser hält ein Schwerdt, statt des Scepters. Ich konnte nicht errathen, was dieser Unterschied sagen will; und es hat doch gewiß seine Bedeutung, da die Deutschen die merkwürdige Gewohnheit haben, daß sie bei Allem, was sie thun, sich auch etwas denken.

In Gottschalk's „Handbuch" hatte ich von dem uralten Dom und von dem berühmten Kaiserstuhl zu Goslar viel gelesen. Als ich aber Beides besehen wollte, sagte man mir: der Dom sei niedergerissen und der Kaiserstuhl nach Berlin gebracht worden. Wir leben in einer bedeutungsschweren Zeit: tausendjährige Dome werden abgebrochen, und Kaiserstühle in die Rumpelkammer geworfen.

Einige Merkwürdigkeiten des seligen Doms sind jetzt in der Stephanskirche aufgestellt. Glasmalereien, die wunderschön sind, einige schlechte Gemälde, worunter auch ein Lucas Cranach sein soll, ferner ein hölzerner Christus am Kreuz, und ein heid=

nischer Opferaltar aus unbekanntem Metall; er hat die Gestalt
einer länglich viereckigen Lade, und wird von vier Caryatiden
getragen, die, in geduckter Stellung, die Hände stützend über
dem Kopfe halten, und unerfreulich häßliche Gesichter schneiden.
Indessen noch unerfreulicher ist das dabeistehende, schon erwähnte
hölzerne Crucifix. Dieser Christuskopf mit natürlichen Haaren
und Dornen und blutbeschmiertem Gesichte, zeigt freilich höchst
meisterhaft das Hinsterben eines Menschen, aber nicht eines
gottgebornen Heilands. Nur das materielle Leiden ist in dieses
Gesicht hineingeschnitzelt, nicht die Poesie des Schmerzes. Solch
Bild gehört eher in einen anatomischen Lehrsaal, als in ein
Gotteshaus.

Ich logirte in einem Gasthofe nahe dem Markte, wo mir das
Mittagessen noch besser geschmeckt haben würde, hätte sich nur
nicht der Herr Wirth mit seinem langen, überflüssigen Gesichte
und seinen langweiligen Fragen zu mir hin gesetzt; glücklicher
Weise ward ich bald erlöst durch die Ankunft eines andern Rei=
senden, der dieselben Fragen in derselben Ordnung aushalten
mußte: quis? quid? ubi? quibus auxiliis? cur? quo=
modo? quando? Dieser Fremde war ein alter, müder,
abgetragener Mann, der, wie aus seinen Reden hervorging, die
ganze Welt durchwandert, besonders lang auf Batavia gelebt,
viel Geld erworben und wieder Alles verloren hatte, und jetzt,
nach dreißigjähriger Abwesenheit, nach Quedlinburg, seiner
Vaterstadt, zurückkehrte, — „denn," setzte er hinzu, „unsere Fa=
milie hat dort ihr Erbbegräbniß." Der Herr Wirth machte die
sehr aufgeklärte Bemerkung: daß es doch für die Seele gleich=
gültig sei, wo unser Leib begraben wird. „Haben Sie es
schriftlich?" antwortete der Fremde, und dabei zogen sich un=
heimlich schlaue Ringe um seine kümmerlichen Lippen und ver=
blichenen Aeugelein. „Aber," setzte er ängstlich begütigend
hinzu, „ich will darum über fremde Gräber doch nichts Böses
gesagt haben; — die Türken begraben ihre Todten noch weit
schöner als wir, ihre Kirchhöfe sind ordentlich Gärten, und da

sitzen sie auf ihren weißen, beturbanten Grabsteinen, unter dem
Schatten einer Zypresse, und streichen ihre ernsthaften Bärte,
und rauchen ruhig ihren türkischen Tabak aus ihren langen tür=
kischen Pfeifen; — und bei den Chinesen gar ist es eine ordent=
liche Lust zuzusehen, wie sie auf den Ruhestätten ihrer Todten
manierlich herumtänzeln, und beten, und Thee trinken, und die
Geige spielen, und die geliebten Gräber gar hübsch zu verzieren
wissen mit allerlei vergoldetem Lattenwerk, Porzellanfigürchen,
Fetzen von buntem Seidenzeug, künstlichen Blumen, und far=
bigen Laternchen — Alles sehr hübsch — wie weit hab' ich noch
bis Quedlinburg?"

Der Kirchhof in Goslar hat mich nicht sehr angesprochen.
Desto mehr aber jenes wunderschöne Lockenköpfchen, das bei
meiner Ankunft in der Stadt aus einem etwas hohen Parterre=
fenster lächelnd heraus schaute. Nach Tische suchte ich wieder
das liebe Fenster; aber jetzt stand dort nur ein Wasserglas mit
weißen Glockenblümchen. Ich kletterte hinauf, nahm die artigen
Blümchen aus dem Glase, steckte sie ruhig auf meine Mütze,
und kümmerte mich wenig um die aufgesperrten Mäuler, ver=
steinerten Nasen und Glotzaugen, womit die Leute auf der
Straße, besonders die alten Weiber, diesem qualifizirten Dieb=
stahle zusahen. Als ich eine Stunde später an demselben Hause
vorbei ging, stand die Holde am Fenster, und als sie die Glocken=
blümchen auf meiner Mütze gewahrte, wurde sie blutroth und
stürzte zurück. Ich hatte jetzt das schöne Antlitz noch genauer
gesehen; es war eine süße, durchsichtige Verkörperung von Som=
merabendhauch, Mondschein, Nachtigallenlaut und Rosen=
duft. — Später, als es ganz dunkel geworden, trat sie vor die
Thüre. Ich kam — ich näherte mich — sie zieht sich langsam
zurück in den dunkeln Hausflur — ich fasse sie bei der Hand
und sage: ich bin ein Liebhaber von schönen Blumen und Küssen,
und was man mir nicht freiwillig giebt, das stehle ich — und
ich küßte sie rasch — und wie sie entfliehen will, flüsterte ich be=
schwichtigend: morgen reis' ich fort und komme wohl nie wieder —

und ich fühle den geheimen Wiederdruck der lieblichen Lippen
und der kleinen Hände — und lachend eile ich von hinnen.
Ja, ich muß lachen, wenn ich bedenke, daß ich unbewußt jene
Zauberformel ausgesprochen, wodurch unsere Roth= und Blau=
röcke, öfter als durch ihre schnurrbärtige Liebenswürdigkeit, die
Herzen der Frauen bezwingen: „Ich reise morgen fort und
komme wohl nie wieder.‟

Mein Logis gewährte eine herrliche Aussicht nach dem Ram=
mesberg. Es war ein schöner Abend. Die Nacht jagte auf
ihrem schwarzen Rosse, und die langen Mähnen flatterten im
Winde. Ich stand am Fenster und betrachtete den Mond.
Giebt es wirklich einen Mann im Monde? Die Slaven sagen,
er heiße Clotar, und das Wachsen des Mondes bewirkte er
durch Wasseraufgießen. Als ich noch klein war, hatte ich ge=
hört: der Mond sei eine Frucht, die, wenn sie reif geworden,
vom lieben Gott abgepflückt, und, zu den übrigen Vollmonden,
in den großen Schrank gelegt werde, der am Ende der Welt
steht, wo sie mit Brettern zugenagelt ist. Als ich größer wurde,
bemerkte ich, daß die Welt nicht so eng begrenzt ist, und daß der
menschliche Geist die hölzernen Schranken durchbrochen, und
mit einem riesigen Petri=Schlüssel, mit der Idee der Unsterb=
lichkeit, alle sieben Himmel aufgeschlossen hat. Unsterblichkeit!
schöner Gedanke! wer hat dich zuerst erdacht? War es ein
Nürnberger Spießbürger, der, mit weißer Nachtmütze auf dem
Kopfe und weißer Tonpfeife im Maule, am lauen Sommer=
abend vor seiner Hausthüre saß, und recht behaglich meinte:
es wäre doch hübsch, wenn er nun so immer fort, ohne daß sein
Pfeifchen und sein Lebensathemchen ausgingen, in die liebe
Ewigkeit hineinvegetiren könnte! Oder war es ein Liebender,
der in den Armen seiner Geliebten jenen Unsterblichkeitsgedanken
dachte, und ihn dachte, weil er ihn fühlte, und weil er nichts
anders fühlen und denken konnte! — Liebe! Unsterblichkeit! —
in meiner Brust ward es plötzlich so heiß, daß ich glaubte, die
Geographen hätten den Aequator verlegt, und er laufe jetzt

gerade durch mein Herz. Und aus meinem Herzen ergossen
sich die Gefühle der Liebe, ergossen sich sehnsüchtig in die weite
Nacht. Die Blumen im Garten unter meinem Fenster dufteten
stärker. Düfte sind die Gefühle der Blumen, und wie das
Menschenherz, in der Nacht, wo es sich einsam und unbelauscht
glaubt, stärker fühlt, so scheinen auch die Blumen, sinnig ver=
schämt, erst die enthüllende Dunkelheit zu erwarten, um sich
gänzlich ihren Gefühlen hinzugeben, und sie auszuhauchen in
süßen Düften. — Ergießt Euch, Ihr Düfte meines Herzens!
und sucht hinter jenen Bergen die Geliebte meiner Träume!
Sie liegt jetzt schon und schläft; zu ihren Füßen knieen Engel,
und wenn sie im Schlafe lächelt, so ist es ein Gebet, das die
Engel nachbeten; in ihrer Brust liegt der Himmel mit allen
seinen Seligkeiten, und wenn sie athmet, so bebt mein Herz in
der Ferne; hinter den seidenen Wimpern ihrer Augen ist die
Sonne untergegangen, und wenn sie die Augen wieder auf=
schlägt, so ist es Tag, und die Vögel singen, und die Heerden=
glöckchen läuten, und die Berge schimmern in ihren schmarag=
denen Kleidern, und ich schnüre den Ranzen und wandre.

In jener Nacht, die ich in Goslar zubrachte, ist mir etwas
höchst Seltsames begegnet. Noch immer kann ich nicht ohne
Angst daran zurück denken. Ich bin von Natur nicht ängstlich,
aber vor Geistern fürchte ich mich fast so sehr wie der Oest=
reichische Beobachter. Was ist Furcht? Kommt sie aus dem
Verstande oder aus dem Gemüth? Ueber diese Frage disputirte
ich so oft mit dem Doctor Saul Ascher, wenn wir zu Berlin,
im Café royal, wo ich lange Zeit meinen Mittagstisch hatte,
zufällig zusammen trafen. Er behauptete immer: wir fürchten
etwas, weil wir es durch Vernunftschlüsse für furchtbar er=
kennen. Nur die Vernunft sei eine Kraft, nicht das Gemüth.
Während ich gut aß und gut trank, demonstrirte er mir fort=
während die Vorzüge der Vernunft. Gegen das Ende seiner
Demonstration pflegte er nach seiner Uhr zu sehen, und immer
schloß er damit: „Die Vernunft ist das höchste Prinzip!" —

Vernunft! Wenn ich jetzt dieses Wort höre, so sehe ich noch immer den Doctor Saul Ascher mit seinen abstrakten Beinen, mit seinem engen transcendentalgrauen Leibrock, und mit seinem schroffen, frierend kalten Gesichte, das einem Lehrbuche der Geometrie als Kupfertafel dienen konnte. Dieser Mann, tief in den Funfzigern, war eine personifizirte gerade Linie. In seinem Streben nach dem Positiven hatte der arme Mann sich alles Herrliche aus dem Leben heraus philosophirt, alle Sonnenstrahlen, allen Glauben und alle Blumen, und es blieb bei ihm nichts übrig, als das kalte, positive Grab. Auf den Apoll von Belvedere und auf das Christenthum hatte er eine specielle Malice. Gegen letzteres schrieb er sogar eine Broschüre, worin er dessen Unvernünftigkeit und Unhaltbarkeit bewies. Er hat überhaupt eine ganze Menge Bücher geschrieben, worin immer die Vernunft von ihrer eigenen Vortrefflichkeit renommirt, und wobei es der arme Doctor gewiß ernhaft genug meinte, und also in dieser Hinsicht alle Achtung verdiente. Darin aber bestand ja eben der Hauptspaß, daß er ein so ernsthaft närrisches Gesicht schnitt, wenn er dasjenige nicht begreifen konnte, was jedes Kind begreift, eben weil es ein Kind ist. Einige Mal besuchte ich auch den Vernunftdoktor in seinem eigenen Hause, wo ich schöne Mädchen bei ihm fand. *   *   *   *
*   *   *   *   * Als ich ihn einst ebenfalls besuchen wollte, sagte mir sein Bedienter: der Herr Doctor ist eben gestorben. Ich fühlte nicht viel mehr dabei, als wenn er gesagt hätte: der Herr Doctor ist ausgezogen.

Doch zurück nach Goslar. „Das höchste Prinzip ist die Vernunft!" sagte ich beschwichtigend zu mir selbst, als ich in's Bett stieg. Indessen, es half nicht. Ich hatte eben in Varnhagen von Ense's „deutsche Erzählungen," die ich von Clausthal mitgenommen hatte, jene entsetzliche Geschichte gelesen, wie der Sohn, den sein eigener Vater ermorden wollte, in der Nacht von dem Geiste seiner todten Mutter gewarnt wird. Die wunderbare Darstellung dieser Geschichte bewirkte, daß mich während des Lesens ein inneres Grauen durchfröstelte. Auch erregen Gespenstererzählungen ein noch schauerlicheres Gefühl, wenn man sie auf der Reise liest, und zumal des Nachts, in einer Stadt, in einem Hause, in einem Zimmer, wo man noch nie gewesen. Wie viel Gräßliches mag sich schon zugetragen haben auf diesem Flecke, wo du eben liegst? so denkt man unwillkühr-lich. Ueberdies schien jetzt der Mond so zweideutig in's Zim-mer herein, an der Wand bewegten sich allerlei unberufene Schatten, und als ich mich im Bett aufrichtete, um hin zu sehen, erblickte ich —

Es giebt nichts Unheimlicheres, als wenn man, beim Mond-schein, das eigene Gesicht zufällig im Spiegel sieht. In dem-selben Augenblicke schlug eine schwerfällige, gähnende Glocke, und zwar so lang und langsam, daß ich nach dem zwölften Glockenschlage sicher glaubte, es seien unterdessen volle zwölf Stunden verflossen, und es müßte wieder von vorn anfangen, zwölf zu schlagen. Zwischen dem vorletzten und letzten Glocken-schlage schlug noch eine andere Uhr, sehr rasch, fast keifend gell, und vielleicht ärgerlich über die Langsamkeit ihrer Frau Gevat-terin. Als beide eiserne Zungen schwiegen, und tiefe Todes-stille im ganzen Hause herrschte, war es mir plötzlich, als hörte ich auf dem Corridor, vor meinem Zimmer, etwas schlottern und schlappen, wie der unsichere Gang eines Mannes. End-lich öffnete sich meine Thür, und langsam trat herein der ver-storbene Doctor Saul Ascher. Ein kaltes Fieber rieselte mir durch Mark und Bein, ich zitterte wie Espenlaub, und kaum wagte ich das Gespenst anzusehen. Er sah aus wie sonst, der-selbe transcendentalgraue Leibrock, dieselben abstrakten Beine, und dasselbe mathematische Gesicht; nur war dieses etwas gelb-licher als sonst, auch der Mund, der sonst zwei Winkel von 22½ Grad bildete, war zusammengekniffen, und die Augenkreise hatten einen größeren Radius. Schwankend und wie sonst sich auf sein spanisches Röhrchen stützend, näherte er sich mir, und in seinem gewöhnlichen mundfaulen Dialekte sprach er freund-

lich): „Fürchten Sie sich nicht, und glauben Sie nicht, daß ich
ein Gespenst sei. Es ist Täuschung Ihrer Phantasie, wenn
Sie mich als Gespenst zu sehen glauben. Was ist ein Gespenst?
Geben Sie mir eine Definition? Deduzieren Sie mir die Be-
dingungen der Möglichkeit eines Gespenstes? In welchem vernünftigen Zusammenhange stände eine solche Erscheinung mit
der Vernunft? Die Vernunft, ich sage die Vernunft —" Und
nun schritt das Gespenst zu einer Analyse der Vernunft, citirte
Kant's „Kritik der reinen Vernunft," 2. Theil, 1. Abschnitt,
2. Buch, 3. Hauptstück, die Unterscheidung von Phänomena
und Noumena, construirte alsdann den problematischen Gespen-
sterglauben, setzte einen Syllogismus auf den andern, und
schloß mit dem logischen Beweise: daß es durchaus keine Gespenster giebt. Mir unterdessen lief der kalte Schweiß über
den Rücken, meine Zähne klapperten wie Kastagnetten, aus
Seelenangst nickte ich unbedingte Zustimmung bei jedem Satz,
womit der spukende Doctor die Absurdität aller Gespensterfurcht
bewies, und derselbe demonstrirte so eifrig, daß er einmal in der
Zerstreuung, statt seiner goldenen Uhr, eine Hand voll Würmer
aus der Uhrtasche zog, und seinen Irrthum bemerkend, mit
possirlich ängstlicher Hastigkeit wieder einsteckte. „Die Vernunft
ist das höchste —" da schlug die Glocke Eins und das Gespenst
verschwand.

Von Goslar ging ich den andern Morgen weiter, halb auf
Gerathewohl, halb in der Absicht, den Bruder des Clausthaler
Bergmanns aufzusuchen. Wieder schönes, liebes Sonntags-
wetter. Ich bestieg Hügel und Berge, betrachtete wie die Sonne
den Nebel zu verscheuchen suchte, wanderte freudig durch die
schauernden Wälder, und um mein träumendes Haupt klingelten
die Glockenblümchen von Goslar. In ihren weißen Nacht-
mänteln standen die Berge, die Tannen rüttelten sich den Schlaf
aus den Gliedern, der frische Morgenwind frisirte ihnen die
herabhängenden, grünen Haare, die Vöglein hielten Betstunde,
das Wiesenthal blitzte wie eine diamantenbesäete Golddecke, und

der Hirt schritt darüber hin mit seiner läutenden Heerde. Ich
mochte mich wohl eigentlich verirrt haben. Man schlägt immer
Seitenwege und Fußsteige ein, und glaubt dadurch näher zum
Ziele zu gelangen. Wie im Leben überhaupt, geht's uns auch
auf dem Harze. Aber es gibt immer gute Seelen, die uns
wieder auf den rechten Weg bringen; sie thun es gern und
finden noch obendrein ein besonderes Vergnügen daran, wenn
sie uns mit selbstgefälliger Miene und wohlwollend lauter
Stimme bedeuten: welche große Umwege wir gemacht, in welche
Abgründe und Sümpfe wir versinken konnten, und welch ein
Glück es sei, daß wir so wegkundige Leute, wie wir sind, noch
zeitig angetroffen. Einen solchen Berichtiger fand ich unweit
der Harzburg. Er war ein wohlgenährter Bürger von Goslar,
ein glänzend wampiges, dummkluges Gesicht; er sah aus, als
habe er die Viehseuche erfunden. Wir gingen eine Strecke zusammen und erzählte mir allerlei Spukgeschichten, die hübsch
klingen konnten, wenn sie nicht alle darauf hinausliefen, daß es
doch kein wirklicher Spuk gewesen, sondern daß die weiße Gestalt ein Wilddieb war, und daß die wimmernden Stimmen von
den eben geworfenen Jungen einer Bache (wilden Sau), und
das Geräusch auf dem Boden von der Hauskatze herrührte.
Nur wenn der Mensch krank ist, setzte er hinzu, glaubt er Gespenster zu sehen; was aber seine Wenigkeit anbelange, so sei er
selten krank, nur zuweilen leide er an Hautübeln, und dann
kurire er sich jedesmal mit nüchternem Speichel. Er machte
mich auch aufmerksam auf die Zweckmäßigkeit und Nützlichkeit
in der Natur. Die Bäume sind grün, weil grün gut für die
Augen ist. Ich gab ihm Recht, und fügte hinzu, daß Gott das
Rindvieh erschaffen, weil Fleischsuppen den Menschen stärken,
daß er die Esel erschaffen, damit sie den Menschen zu Ver-
gleichungen dienen können, und daß er den Menschen selbst erschaffen, damit er Fleischsuppen essen und kein Esel sein soll.
Mein Begleiter war entzückt, einen Gleichgestimmten gefunden
zu haben, sein Antlitz erglänzte noch freudiger, und bei dem

Abschiede war er gerührt. — So lange er neben mir ging, war gleichsam die ganze Natur entzaubert, sobald er aber fort war, fingen die Bäume wieder an zu sprechen und die Sonnenstrahlen erklangen, und die Wiesenblümchen tanzten, und der blaue Himmel umarmte die grüne Erde. Ja, ich weiß es besser; Gott hat den Menschen erschaffen, damit er die Herrlichkeit der Welt bewundere. Jeder Autor, und sei er noch so groß, wünscht, daß sein Werk gelobt werde. Und in der Bibel, den Memoiren Gottes, steht ausdrücklich, daß er die Menschen erschaffen zu seinem Ruhm und Preis.

Nach einem langen Hin= und Herwandern gelangte ich nach der Wohnung des Bruders meines Clausthaler Freundes, über= nachtete alldort und erlebte folgendes schöne Gedicht:

1.

Auf dem Berge steht die Hütte,
Wo der alte Bergmann wohnt;
Dorten rauscht die grüne Tanne,
Und erglänzt der gold'ne Mond.

In der Hütte steht ein Lehnstuhl,
Reich geschnitzt und wunderlich,
Der darauf sitzt, der ist glücklich,
Und der Glückliche bin Ich!

Auf dem Schemel sitzt die Kleine,
Stützt den Arm auf meinen Schooß;
Äuglein wie zwei blaue Sterne,
Mündlein wie die Purpurros'.

Und die lieben, blauen Sterne
Schau'n mich an so himmelgroß,
Und sie legt den Lilienfinger
Schalkhaft auf die Purpurros'.

Nein, es sieht uns nicht die Mutter,
Denn sie spinnt mit großem Fleiß,
Und der Vater spielt die Zitter,
Und er singt die alte Weis'.

Die Harzreise.

Und die Kleine flüstert leise
Leise, mit gedämpftem Laut;
Manches wichtige Geheimniß
Hat sie mir schon anvertraut.

„Aber seit die Muhme todt ist,
Können wir ja nicht mehr geh'n
Nach dem Schützenhof zu Goslar,
Und dort ist es gar zu schön."

„Hier dagegen ist es einsam
Auf der kalten Bergeshöh',
Und des Winters sind wir gänzlich
Wie vergraben in dem Schnee."

„Und ich bin ein banges Mädchen
Und ich fürcht' mich wie ein Kind
Vor den bösen Bergesgeistern,
Die des Nachts geschäftigt sind."

Plötzlich schweigt die liebe Kleine,
Wie vom eignen Wort erschreckt,
Und sie hat mit beiden Händchen
Ihre Aeugelein bedeckt.

Lauter rauscht die Tanne draußen,
Und das Spinnrad schnarrt und brummt
Und die Zitter klingt dazwischen,
Und die alte Weise summt:

„Fürcht' dich nicht, du liebes Kindchen,
Vor der bösen Geister Macht;
Tag und Nacht, du liebes Kindchen,
Halten Englein bei dir Wacht!"

2.

Tannenbaum, mit grünen Fingern,
Pocht an's nied're Fensterlein,
Und der Mond, der gelbe Lauscher,
Wirft sein süßes Licht herein.

Vater, Mutter schnarchen leise
In dem nahen Schlafgemach,
Doch wir Beide selig schwatzend,
Halten uns einander wach.

„Daß du gar zu oft gebetet
Das zu glauben wird mir schwer,
Jenes Zucken deiner Lippen
Kommt wohl nicht vom Beten her."

„Jenes böse, kalte Zucken,
Das erschreckt mich jedesmal,
Doch die dunkle Angst beschwichtigt
Deiner Augen frommer Strahl."

„Auch bezweifl' ich, daß du glaubest,
Was so rechter Glaube heißt,
Glaubst wohl nicht an Gott den Vater,
An den Sohn und heil'gen Geist?"

Ach, mein Kindchen, schon als Knabe,
Als ich saß auf Mutters Schooß
Glaubte ich an Gott den Vater,
Der da waltet gut und groß.

Der die schöne Erd' erschaffen,
Und die schönen Menschen d'rauf,
Der den Sonnen, Monden, Sternen,
Vorgezeichnet ihren Lauf.

Als ich größer wurde, Kindchen,
Noch vielmehr begriff ich schon,
Und begriff, und ward vernünftig,
Und ich glaub' auch an den Sohn;

An den lieben Sohn, der liebend
Uns die Liebe offenbart,
Und zum Lohne, wie gebräuchlich,
Von dem Volk gekreuzigt ward.

Jetzo, da ich ausgewachsen,
Viel gelesen, viel gereist,
Schwillt mein Herz, und ganz von Herzen
Glaub ich an den heil'gen Geist.

Dieser that die größten Wunder,
Und viel größ're thut er noch;
Er zerbrach die Zwingherrnburgen
Und zerbrach des Knechtes Joch.

Alte Todeswunden heilt er,
Und erneut das alte Recht:
Alle Menschen, gleichgeboren,
Sind ein abliches Geschlecht.

Er verscheucht die bösen Nebel,
Und das dunkle Hirngespinst,
Das uns Lieb' und Lust verleidet,
Tag und Nacht uns angegrinst.

Tausend Ritter, wohl gewappnet,
Hat der heil'ge Geist erwählt,
Seinen Willen zu erfüllen,
Und er hat sie muthbeseelt.

Ihre theuern Schwerdter blitzen,
Ihre guten Banner weh'n!
Ei, du möchtest wohl, mein Kindchen,
Solche stolze Ritter seh'n?

Nun, so schau mich an, mein Kindchen,
Küsse mich und schaue dreist!
Denn ich selber bin ein solcher
Ritter von dem heil'gen Geist!

———

3.

Still versteckt der Mond sich draußen
Hinter'm grünen Tannenbaum,
Und im Zimmer unsre Lampe
Flackert matt und leuchtet kaum.

Aber meine blauen Sterne
Strahlen auf in heller'm Licht
Und es glüht die Purpurrose,
Und das liebe Mädchen spricht:

„Kleines Völkchen, Wichtelmännchen,
Stehlen unser Brod und Speck,
Abends liegt es noch im Kasten,
Und des Morgens ist es weg.

„Kleines Völkchen, unsre Sahne
Nascht es von der Milch, und läßt
Unbedeckt die Schüssel stehen,
Und die Katze säuft den Rest.

„Und die Katz' ist eine Hexe,
Denn sie schleicht, bei Nacht und Sturm,
Drüben nach dem Geisterberge
Nach dem altverfall'nen Thurm.

„Dort hat einst ein Schloß gestanden,
Voller Lust und Waffenglanz;
Blanke Ritter, Frau'n und Knappen
Schwangen sich im Fackeltanz.“

„Da verwünschte Schloß und Leute
Eine böse Zauberin,
Nur die Trümmer blieben stehen,
Und die Eulen nisten d'rin.“

„Doch die sel'ge Muhme sagte:
Wenn man spricht das rechte Wort,
Nächtlich zu der rechten Stunde,
Drüben an dem rechten Ort;“

„So verwandeln sich die Trümmer
Wieder in ein helles Schloß,
Und es tanzen wieder lustig
Ritter, Frau'n und Knappentroß;“

„Und wer jenes Wort gesprochen,
Dem gehören Schloß und Leut',
Pauken und Trompeten huld'gen
Seiner jungen Herrlichkeit.“

Also blühen Mährchenbilder
Aus des Mundes Röselein,
Und die Augen gießen drüber
Ihren blauen Sternenschein.

Die Harzreise.

Ihre gold'nen Haare wickelt
Mir die Kleine um die Händ',
Giebt den Fingern hübsche Namen,
Lacht und küßt, und schweigt am End'.

Und im stillen Zimmer Alles
Blickt mich an so wohlvertraut;
Tisch und Schrank, mir ist als hätt' ich
Sie schon früher mal geschaut.

Freundlich ernsthaft schwatzt die Wanduhr,
Und die Zitter hörbar kaum,
Fängt von selber an zu klingen,
Und ich sitze wie im Traum.

Jetzo ist die rechte Stunde,
Und es ist der rechte Ort;
Staunen würdest du, mein Kindchen,
Spräch' ich aus das rechte Wort.

Sprech' ich jenes Wort, so dämmert
Und erbebt die Mitternacht,
Bach und Tannen brausen lauter,
Und der alte Berg erwacht.

Zitterklang und Zwergenlieder
Tönen aus des Berges Spalt,
Und es sprießt, wie'n toller Frühling,
D'raus hervor ein Blumenwald.

Blumen, kühne Wunderblumen,
Blätter, breit und fabelhaft,
Duftig bunt und hastig regsam,
Wie gedrängt von Leidenschaft.

Rosen, wild wie rothe Flammen,
Sprüh'n aus dem Gewühl hervor;
Liljen, wie kryftall'ne Pfeiler
Schießen himmelhoch empor.

Und die Sterne, groß wie Sonnen,
Schau'n herab mit Sehnsuchtgluth;
In der Liljen Riesenkelche
Strömet ihre Strahlenfluth.

Doch wir selber, süßes Kindchen,
Sind verwandelt noch viel mehr;
Fackelglanz und Gold und Seide
Schimmern lustig um uns her.

Du, du wurdest zur Prinzessin,
Diese Hütte ward zum Schloß,
Und da jubeln und da tanzen
Ritter, Frau'n und Knappentroß.

Aber Ich, ich hab' erworben,
Dich und Alles, Schloß und Leut';
Pauken und Trompeten huld'gen
Meiner jungen Herrlichkeit!

Die Sonne ging auf. Die Nebel flohen, wie Gespenster beim dritten Hahnenschrei. Ich stieg wieder bergauf und bergab, und vor mir schwebte die schöne Sonne, immer neue Schön= heiten beleuchtend. Der Geist des Gebirges begünstigte mich ganz offenbar; er wußte wohl, daß so ein Dichtermensch viel Hübsches wieder erzählen kann, und er ließ mich diesen Morgen seinen Harz sehen, wie ihn gewiß nicht Jeder sah. Aber auch mich sah der Harz, wie mich nur Wenige gesehen, in meinen Augenwimpern flimmerten eben so kostbare Perlen, wie in den Gräsern des Thals. Morgenthau der Liebe feuchtete meine Wangen, die rauschenden Tannen verstanden mich, ihre Zweige thaten sich von einander, bewegten sich herauf und herab, gleich stummen Menschen, die mit den Händen ihre Freude bezeigen, und in der Ferne klang's wunderbar geheimnißvoll, wie Glocken= geläute einer verlorenen Waldkirche. Man sagt, das seien die Heerdenglöckchen, die im Harz so lieblich, klar und rein ge= stimmt sind.

Nach dem Stande der Sonne war es Mittag, als ich auf eine solche Heerde stieß, und der Hirt, ein freundlich blonder junger Mensch, sagte mir: der große Berg, an dessen Fuße ich

stände, sei der alte, weltberühmte Brocken.   Viele Stunden
ringsum liegt kein Haus, und ich war froh genug, daß mich der
junge Mensch einlud, mit ihm zu essen.   Wir setzten uns nieder
zu einem Déjeuner dinatoire, das aus Käse und Brod be=
stand; die Schäfchen erhaschten die Krumen, die sieben blanken
Kühlein sprangen um uns herum, und klingelten schelmisch mit
ihren Glöckchen, und lachten uns an mit ihren großen, vergnüg=
ten Augen.   Wir tafelten recht königlich; überhaupt schien mir
mein Wirth ein echter König, und weil er bis jetzt der einzige
König ist, der mir Brod gegeben, so will ich ihn auch königlich
besingen.

König ist der Hirtenknabe,
Grüner Hügel ist sein Thron,
Ueber seinem Haupt die Sonne
Ist die schwere, gold'ne Kron'.

Ihm zu Füßen liegen Schafe,
Weiche Schmeichler, rothbekreuzt; —
Cavaliere sind die Kälber,
Und sie wandeln stolz gespreizt.

Hofschauspieler sind die Böcklein,
Und die Vögel und die Küh',
Mit den Flöten, mit den Glöcklein,
Sind die Kammermusici.

Und das klingt und singt so lieblich,
Und so lieblich rauschen d'rein
Wasserfall und Tannenbäume,
Und der König schlummert ein.

Unterdessen muß regieren
Der Minister, jener Hund,
Dessen knurriges Gebelle
Wiederhallet in der Rund'.

Schläfrig lallt der junge König:
„Das Regieren ist so schwer,
Ach, ich wollt', daß ich zu Hause
Schon bei meiner Kön'gin wär'!"

„In den Armen meiner Kön'gin
Ruht mein Königshaupt so weich,
Und in ihren lieben Augen
Liegt mein unermeßlich Reich!"

Wir nahmen freundschaftlich Abschied, und fröhlich stieg ich
den Berg hinauf. Bald empfing mich eine Waldung himmel=
hoher Tannen, für die ich, in jeder Hinsicht, Respekt habe.
Diesen Bäumen ist nämlich das Wachsen nicht so ganz leicht ge=
macht worden, und sie haben es sich in der Jugend sauer werden
lassen. Der Berg ist hier mit vielen großen Granitblöcken
übersäet, und die meisten Bäume mußten mit ihren Wurzeln
diese Steine umranken oder sprengen, und mühsam den Boden
suchen, woraus sie Nahrung schöpfen können. Hier und da
liegen die Steine, gleichsam ein Thor bildend, über einander,
und oben darauf stehen die Bäume, die nackten Wurzeln über
jene Steinpforte hinziehend, und erst am Fuße derselben den
Boden erfassend, so daß sie in der freien Luft zu wachsen scheinen.
Und doch haben sie sich zu jener gewaltigen Höhe empor ge=
schwungen, und, mit den umklammerten Steinen wie zusammen=
gewachsen, stehen sie fester als ihre bequemen Collegen im zahmen
Forstboden des flachen Landes. So stehen auch im Leben jene
großen Männer, die durch das Ueberwinden früher Hemmun=
gen und Hindernisse sich erst recht gestärkt und befestigt haben.
Auf den Zweigen der Tannen kletterten Eichhörnchen und unter
denselben spazierten die gelben Hirsche. Wenn ich solch ein
liebes, edles Thier sehe, so kann ich nicht begreifen, wie gebil=
dete Leute Vergnügen daran finden, es zu hetzen und zu tödten.
Solch ein Thier war barmherziger als die Menschen, und säugte
den schmachtenden Schmerzenreich der heiligen Genovefa.
Allerliebst schossen die goldenen Sonnenlichter durch das dichte
Tannengrün. Eine natürliche Treppe bildeten die Baum=
wurzeln. Ueberall schwellende Moosbänke; denn die Steine
sind fußhoch von den schönsten Moosarten, wie mit hellgrünen
Sammetpolstern, bewachsen. Liebliche Kühle und träumerisches

Quellengemurmel. Hier und da sieht man, wie das Wasser
unter den Steinen silberhell hinrieselt und die nackten Baum=
wurzeln und Fasern bespült. Wenn man sich nach diesem
Treiben hinab beugt, so belauscht man gleichsam die geheime
Bildungsgeschichte der Pflanzen und das ruhige Herzklopfen des
Berges. An manchen Orten sprudelt das Wasser aus den
Steinen und Wurzeln stärker hervor und bildet kleine Kaskaden.
Da läßt sich gut sitzen. Es murmelt und rauscht so wunder=
bar, die Vögel singen abgebrochene Sehnsuchtslaute, die Bäume
flüstern wie mit tausend Mädchenzungen, wie mit tausend
Mädchenaugen schauen uns an die seltsamen Bergblumen, sie
strecken nach uns aus die wundersam breiten, drollig gezackten
Blätter, spielend flimmern hin und her die lustigen Sonnen=
strahlen, die sinnigen Kräutlein erzählen sich grüne Mährchen,
es ist Alles wie verzaubert, es wird immer heimlicher und heim=
licher, ein uralter Traum wird lebendig, die Geliebte erscheint —
ach, daß sie so schnell wieder verschwindet!

Je höher man den Berg hinauf steigt, desto kürzer, zwerg=
hafter werden die Tannen, sie scheinen immer mehr und mehr
zusammen zu schrumpfen, bis nur Heidelbeer= und Rothbeer=
sträuche und Bergkräuter übrig bleiben. Da wird es auch
schon fühlbar kälter. Die wunderlichen Gruppen der Granit=
blöcke werden hier erst recht sichtbar; diese sind oft von erstaun=
licher Größe. Das mögen wohl die Spielbälle sein, die sich
die bösen Geister einander zuwerfen in der Walpurgisnacht,
wenn hier die Hexen auf Besenstielen und Mistgabeln einherge=
ritten kommen, und die abentheuerlich verruchte Lust beginnt,
wie die glaubhafte Amme es erzählt, und wie es zu schauen ist
auf den hübschen Faustbildern des Meister Retzsch. Ja, ein
junger Dichter, der auf einer Reise von Berlin nach Göttingen
in der ersten Mainacht am Brocken vorbei ritt, bemerkte sogar,
wie einige belletristische Damen auf einer Bergecke ihre ästhe=
tische Theegesellschaft hielten, sich gemüthlich die „Abendzeitung"
vorlasen, ihre poetischen Ziegenböckchen, die meckernd den Thee=

tisch umhüpften, als Universalgenies priesen, und über alle Er=
scheinungen der deutschen Literatur ihr Endurtheil fällten; doch,
als sie auch auf den „Ratkliff" und „Almansor" geriethen, und
dem Verfasser alle Frömmigkeit und Christlichkeit absprachen,
da sträubte sich das Haar des jungen Mannes, Entsetzen er=
griff ihn — ich gab dem Pferde die Sporen und jagte vorüber.

In der That, wenn man die obere Hälfte des Brockens be=
steigt, kann man sich nicht erwehren, an die ergötzlichen Blocks=
bergsgeschichten zu denken, und besonders an die große, mystische,
deutsche Nationaltragödie vom Doctor Faust. Mir war immer,
als wenn der Pferdefuß neben mir hinauf klettere, und Jemand
humoristisch Athem schöpfe. Und ich glaube, auch Mephisto
muß mit Mühe Athem holen, wenn er seinen Lieblingsberg er=
steigt; es ist ein äußerst erschöpfender Weg, und ich war froh,
als ich endlich das langersehnte Brockenhaus zu Gesicht bekam.

Dieses Haus, das, wie durch vielfache Abbildungen bekannt
ist, blos aus einem Parterre besteht, und auf der Spitze des
Berges liegt, wurde erst 1800 vom Grafen Stollberg=Werni=
gerode erbaut, für dessen Rechnung es auch, als Wirthshaus
verwaltet wird. Die Mauern sind erstaunlich dick, wegen des
Windes und der Kälte im Winter: das Dach ist niedrig, in
der Mitte desselben steht eine thurmartige Warte, und bei dem
Hause liegen noch zwei kleine Nebengebäude, wovon das eine,
in früheren Zeiten, den Brockenbesuchern zum Obdach diente.

Der Eintritt in das Brockenhaus erregte bei mir eine etwas
ungewöhnliche, mährchenhafte Empfindung. Man ist nach
einem langen, einsamen Umhersteigen durch Tannen und Klippen
plötzlich in ein Wolkenhaus versetzt; Städte, Berge und Wälder
blieben unten liegen, und oben findet man eine wunderlich zu=
sammengesetzte, fremde Gesellschaft, von welcher man, wie es
an dergleichen Orten natürlich ist, fast wie ein erwarteter Ge=
nosse, halb neugierig und halb gleichgültig, empfangen wird.
Ich fand das Haus voller Gäste, und wie es einem klugen
Manne geziemt, dachte ich schon an die Nacht, an die Unbehag=

lichkeit eines Strohlagers; mit hinsterbender Stimme verlangte ich gleich Thee, und der Herr Brockenwirth war vernünftig genug, einzusehen, daß ich kranker Mensch für die Nacht ein ordentliches Bett haben müsse. Dieses verschaffte er mir in einem engen Zimmerchen, wo schon ein junger Kaufmann, ein langes Brechpulver in einem braunen Oberrock, sich etablirt hatte.

In der Wirthsstube fand ich lauter Leben und Bewegung. Studenten von verschiedenen Universitäten. Die Einen sind kurz vorher angekommen und restauriren sich, Andere bereiten sich zum Abmarsch, schnüren ihre Ranzen, schreiben ihre Namen in's Gedächtnißbuch, erhalten Brockensträuße von den Hausmädchen: da wird in die Wangen gekniffen, gesungen, gesprungen, gejohlt, man fragt, man antwortet, gut Wetter, Fußweg, Prosit, Adieu. Einige der Abgehenden sind auch etwas angesoffen, und diese haben von der schönen Aussicht einen doppelten Genuß, da ein Betrunkener Alles doppelt sieht.

Nachdem ich mich ziemlich rekreirt, bestieg ich die Thurmwarte, und fand daselbst einen kleinen Herrn mit zwei Damen, einer jungen und einer ältlichen. Die junge Dame war sehr schön. Eine herrliche Gestalt, auf dem lockigen Haupte ein helmartiger, schwarzer Atlashut, mit dessen weißen Federn die Winde spielten, die schlanken Glieder von einem schwarzseidenen Mantel so fest umschlossen, daß die edlen Formen hervortraten, und das freie, große Auge ruhig hinabschauend in die freie, große Welt.

Als ich noch ein Knabe war, dachte ich an nichts als an Zauber- und Wundergeschichten, und jede schöne Dame, die Straußfedern auf dem Kopfe trug, hielt ich für eine Elfenkönigin, und bemerkte ich gar, daß die Schleppe ihres Kleides naß war, so hielt ich sie für eine Wassernixe. Jetzt denke ich anders, seit ich aus der Naturgeschichte weiß, daß jene symbolischen Federn von dem dümmsten Vogel herkommen, und daß die Schleppe eines Damenkleides auf sehr natürliche Weise naß werden kann. Hätte ich mit jenen Knabenaugen die erwähnte

junge Schöne, in erwähnter Stellung auf dem Brocken gesehen,
so würde ich sicher gedacht haben: das ist die Fee des Berges,
und sie hat eben den Zauber ausgesprochen, wodurch dort unten
Alles so wunderbar erscheint.   Ja, in hohem Grade wunder=
bar erscheint uns Alles bei'm ersten Hinabschauen vom Brocken,
alle Seiten unseres Geistes empfangen neue Eindrücke, und
diese, meistens verschiedenartig, sogar sich widersprechend, ver=
binden sich in unserer Seele zu einem großen, noch unentworre=
nen, unverstandenen Gefühl.   Gelingt es uns, dieses Gefühl
in seinem Begriff zu erfassen, so erkennen wir den Charakter
des Berges.   Dieser Charakter ist ganz deutsch, sowohl in Hin=
sicht seiner Fehler, als auch seiner Vorzüge.   Der Brocken ist
ein Deutscher.   Mit deutscher Gründlichkeit zeigt er uns, klar
und deutlich, wie ein Riesenpanorama, die vielen hundert Städte,
Städtchen und Dörfer, die meistens nördlich liegen, und ringsum
alle Berge, Wälder, Flüsse, Flächen, unendlich weit.   Aber
eben dadurch erscheint Alles wie eine scharfgezeichnete, rein illu=
minirte Spezialkarte, nirgends wird das Auge durch eigentlich
schöne Landschaften erfreut; wie es denn immer geschieht, daß
wir deutschen Compilatoren, wegen der ehrlichen Genauigkeit,
womit wir Alles und Alles hingeben wollen, nie daran denken
können, das Einzelne auf eine schöne Weise zu geben.   Der
Berg hat auch so etwas Deutschruhiges, Verständiges, Tole=
rantes; eben weil er die Dinge so weit und klar überschauen
kann.   Und wenn solch ein Berg seine Riesenaugen öffnet, mag
er noch etwas mehr sehen, als wir Zwerge, die wir mit unsern
blöden Aeuglein auf ihm herumklettern.   Viele wollen zwar be=
haupten, der Brocken sei sehr philiströse, und Claudius sang:
„Der Blocksberg ist der lange Herr Philister!"   Aber das ist
ein Irrthum.   Durch seinen Kahlkopf, den er zuweilen mit
einer weißen Nebelkappe bedeckt, giebt er sich zwar den Anstrich
von Philiströsität; aber wie bei manchen andern großen
Deutschen, geschieht es aus purer Ironie.   Es ist sogar notorisch,
daß der Brocken seine burschikosen, phantastischen Zeiten hat,

z. B. die erste Mainacht. Dann wirft er seine Nebelkappe jubelnd in die Lüfte, und wird, eben so gut wie wir Uebrigen, recht echtdeutsch romantisch verrückt.

Ich suchte gleich die schöne Dame in ein Gespräch zu ver= flechten: denn Naturschönheiten genießt man erst recht, wenn man sich auf der Stelle darüber aussprechen kann. Sie war nicht geistreich, aber aufmerksam sinnig. Wahrhaft vornehme Formen. Ich meine nicht die gewöhnliche, steife, negative Vornehmheit, die genau weiß, was unterlassen werden muß; sondern jene seltnere, freie, positive Vornehmheit, die uns genau sagt, was wir thun dürfen, und die uns, bei aller Unbefangen= heit, die höchste gesellige Sicherheit giebt. Ich entwickelte, zu meiner eigenen Verwunderung, viele geographische Kenntnisse, nannte der wißbegierigen Schönen alle Namen der Städte, die vor uns lagen, suchte und zeigte ihr dieselben auf meiner Land= karte, die ich über den Steintisch, der in der Mitte der Thurm= platte steht, mit echter Dozentenmiene ausbreitete. Manche Stadt konnte ich nicht finden, vielleicht weil ich mehr mit den Fingern suchte, als mit den Augen, die sich unterdessen auf dem Gesicht der holden Dame orientirten, und dort schönere Partien fanden, als „Schierke" und „Elend." Dieses Gesicht gehörte zu denen, die nie reizen, selten entzücken, und immer gefallen. Ich liebe solche Gesichter, weil sie mein schlimmbewegtes Herz zur Ruhe lächeln.

In welchem Verhältniß der kleine Herr, der die Damen be= gleitete, zu denselben stehen mochte, konnte ich nicht errathen. Es war eine dünne, merkwürdige Figur. Ein Köpfchen, spar= sam bedeckt mit grauen Härchen, die über die kurze Stirn bis an die grünlichen Libellenaugen reichten, die runde Nase weit hervortretend, dagegen Mund und Kinn sich wieder ängstlich nach den Ohren zurück ziehend. Dieses Gesichtchen schien aus einem zarten, gelblichen Thone zu bestehen, woraus die Bild= hauer ihre ersten Modelle kneten; und wenn die schmalen Lippen zusammen kniffen, zogen sich über seine Wangen einige tausend

halbkreisartige, feine Fältchen. Der kleine Mann sprach kein
Wort, und nur dann und wann, wenn die ältere Dame ihm
etwas Freundliches zuflüsterte, lächelte er wie ein Mops, der
den Schnupfen hat.

Jene ältere Dame war die Mutter der jüngeren, und auch
sie besaß die vornehmsten Formen. Ihr Auge verrieth einen
krankhaft schwärmerischen Tiefsinn, um ihren Mund lag strenge
Frömmigkeit, doch schien mir's, als ob er einst sehr schön gewesen sei, und viel gelacht und viele Küsse empfangen und viele
erwiedert habe. Ihr Gesicht glich einem Codex palympsestus,
wo, unter der neuschwarzen Mönchsschrift eines Kirchenvater-
textes, die halberloschenen Verse eines altgriechischen Liebes-
dichters hervorlauschen. Beide Damen waren mit ihrem Begleiter dieses Jahr in Italien gewesen und erzählten mir allerlei
Schönes von Rom, Florenz und Venedig. Die Mutter erzählte viel von den Raphael'schen Bildern in der Peterskirche;
die Tochter sprach mehr von der Oper im Theater Fenice.

Derweil wir sprachen, begann es zu dämmern: die Luft
wurde noch kälter, die Sonne neigte sich tiefer, und die Thurm-
platte füllte sich mit Studenten, Handwerksburschen und einigen
ehrsamen Bürgerleuten, sammt deren Ehefrauen und Töchtern,
die alle den Sonnenuntergang sehen wollten. Es ist ein er-
habener Anblick, der die Seele zum Gebet stimmt. Wohl eine
Viertelstunde standen Alle ernsthaft schweigend, und sahen, wie
der schöne Feuerball im Westen allmählig versank; die Gesichter wurden vom Abendroth angestrahlt, die Hände falteten
sich unwillführlich; es war, als ständen wir, eine stille Gemeinde, im Schiffe eines Riesendoms, und der Priester erhöbe
jetzt den Leib des Herrn, und von der Orgel herab ergösse sich
Palestrina's ewiger Choral.

Während ich so in Andacht versunken stehe, höre ich, daß
neben mir Jemand ausruft: „Wie ist die Natur doch im Allgemeinen so schön!" Diese Worte kamen aus der gefühlvollen
Brust meines Zimmergenossen, des jungen Kaufmanns. Ich

gelangte dadurch wieder zu meiner Werkeltagsstimmung, war
jetzt im Stande, den Damen über den Sonnenuntergang recht
viel Artiges zu sagen, und sie ruhig, als wäre nichts passirt,
nach ihrem Zimmer zu führen. Sie erlaubten mir auch, sie
noch eine Stunde zu unterhalten. Wie die Erde selbst, drehte
sich unsre Unterhaltung um die Sonne. Die Mutter äußerte:
die in Nebel versinkende Sonne habe ausgesehen wie eine roth=
glühende Rose, die der galante Himmel herabgeworfen in den
weitausgebreiteten, weißen Brautschleier seiner geliebten Erde.
Die Tochter lächelte und meinte, der öftere Anblick solcher Na=
turerscheinungen schwäche ihren Eindruck. Die Mutter berich=
tigte diese falsche Meinung durch eine Stelle aus Goethe's
Reisebriefen, und frug mich, ob ich den Werther gelesen? Ich
glaube wir sprachen auch von Angorakatzen, etruskischen Vasen,
türkischen Shawls, Makaroni und Lord Byron, aus dessen Ge=
dichten die ältere Dame einige Sonnenuntergangsstellen, recht
hübsch lispelnd und seufzend, rezitirte. Der jüngern Dame,
die kein Englisch verstand, und jene Gedichte kennen lernen
wollte, empfahl ich die Uebersetzungen meiner schönen, geist=
reichen Landsmännin, der Baronin Elise von Hohenhausen;
bei welcher Gelegenheit ich nicht ermangelte, wie ich gegen junge
Damen zu thun pflege, über Byrons Gottlosigkeit, Lieblosigkeit,
Trostlosigkeit, und der Himmel weiß was noch mehr, zu eifern.
Nach diesem Geschäfte ging ich noch auf dem Brocken spa=
zieren; denn ganz dunkel wird es dort nie. Der Nebel war
nicht stark, und ich betrachtete die Umrisse der beiden Hügel, die
man den Hexenaltar und die Teufelskanzel nennt. Ich schoß
meine Pistolen ab, doch gab es kein Echo. Plötzlich aber höre
ich bekannte Stimmen und fühle mich umarmt und geküßt. Es
waren meine Landsleute, die Göttingen vier Tage später ver=
lassen hatten, und bedeutend erstaunt waren, mich ganz allein
auf dem Blocksberge wieder zu finden. Da gab es ein Erzäh=
len und Verwundern und Verabreden, ein Lachen und Erin=
nern, und im Geiste waren wir wieder in unserem gelehrten

Sibirien, wo die Cultur so groß ist, daß die Bären in den
Wirthshäusern angebunden werden, und die Zobel dem Jäger
guten Abend wünschen.

Im großen Zimmer wurde eine Abendmahlzeit gehalten.
Ein langer Tisch mit zwei Reihen hungriger Studenten. Im
Anfange gewöhnliches Universitätsgespräch: Duelle, Duelle
und wieder Duelle. Die Gesellschaft bestand meistens aus
Hallensern, und Halle wurde daher Hauptgegenstand der Unter=
haltung. Die Fensterscheiben des Hofraths Schütz wurden
exegetisch beleuchtet. Dann erzählte man, daß die letzte Cour
bei dem König von Cypern sehr glänzend gewesen sei, daß er
einen natürlichen Sohn erwählt, daß er sich eine lichtenstein'sche
Prinzessin an's linke Bein antrauen lassen, daß er die Staats=
maitresse abgedankt, und daß das ganze gerührte Ministerium
vorschriftsmäßig geweint habe. Ich brauche wohl nicht zu er=
wähnen, daß sich dieses auf Halle'sche Bierwürden bezieht.
Hernach kamen die zwei Chinesen auf's Tapet, die sich vor zwei
Jahren in Berlin sehen ließen, und jetzt in Halle zu Privatdo=
zenten der chinesischen Aesthetik abgerichtet werden. Nun wur=
den Witze gerissen. Man setzte den Fall: ein Deutscher ließe
sich in China für Geld sehen; und zu diesem Zwecke wurde ein
Anschlagzettel geschmiedet, worin die Mandarinen Tsching=
Tschang=Tschung und Hi=Ha=Ho begutachteten, daß es ein echter
Deutscher sei, worin ferner seine Kunststücke aufgerechnet wur=
den, die hauptsächlich in Philosophiren, Tabackrauchen und Ge=
duld bestanden, und worin noch schließlich bemerkt wurde, daß
man um zwölf Uhr, welches die Fütterungsstunde sei, keine
Hunde mitbringen dürfe, indem diese dem armen Deutschen die
besten Brocken weg zu schnappen pflegten.

Ein junger Burschenschafter, der kürzlich zur Purifikazion in
Berlin gewesen, sprach viel von dieser Stadt; aber sehr einsei=
tig. Er hatte Wisotzki und das Theater besucht; beide beur=
theilte er falsch. „Schnell fertig ist die Jugend mit dem Wort
u. s. w." Er sprach von Garderobeaufwand, Schauspieler=

und Schauspielerinnenstandal u. s. w. Der junge Mensch
wußte nicht, da in Berlin überhaupt der Schein der Dinge
am meisten gilt, was schon die allgemeine Redensart, „man so
duhn", hinlänglich andeutet, dieses Scheinwesen auf den Bret=
tern erst recht floriren muß, und daß daher die Intendanz am
meisten zu sorgen hat für die „Farbe des Barts, womit eine
Rolle gespielt wird," für die Treue der Costüme, die von bei=
digten Historikern vorgezeichnet, und von wissenschaftlich gebil=
deten Schneidern genäht werden. Und das ist nothwendig.
Denn trüge mahl Maria Stuart eine Schürze, die schon zum
Zeitalter der Königin Anna gehört, so würde gewiß der Ban=
quier Christian Gumpel sich mit Recht beklagen, daß ihm da=
durch alle Illusion verloren gehe; und hätte mahl Lord Bur=
leigh aus Versehen die Hose von Heinrich IV. angezogen, so
würde gewiß die Kriegsräthin von Steinzopf, geborene Lilien=
thau, diesen Anachronismus den ganzen Abend nicht aus den
Augen lassen. Solche täuschende Sorgfalt der Generalinten=
danz erstreckt sich aber nicht blos auf Schürzen und Hosen, son=
dern auch auf die darin verwickelten Personen. So soll künftig
der Othello von einem wirklichen Mohren gespielt werden, den
Professor Lichtenstein schon zu diesem Behufe aus Afrika ver=
schrieben hat; in Menschenhaß und Reue soll künftig die Eulalia
von einem wirklich verlaufenen Weibsbilde, der Peter von einem
wirklich dummen Jungen, und der Unbekannte von einem wirk=
lich geheimen Hahnrei gespielt werden, die man alle drei nicht
erst aus Afrika zu verschreiben braucht. Hatte nun obener=
wähnter junger Mensch die Verhältnisse des Berliner Schau=
spiels schlecht begriffen, so merkte er noch viel weniger, daß die
Spontini'sche Janitscharenoper, mit ihren Pauken, Elephanten,
Trompeten und Tamtams, ein heroisches Mittel ist, um unser
erschlafftes Volk kriegerisch zu stärken, ein Mittel, das schon
Plato und Cicero staatspfiffig empfohlen haben. Am aller=
wenigsten begriff der junge Mensch die diplomatische Bedeutung
des Ballets. Mit Mühe zeigte ich ihm, wie in Hoguets Füßen

mehr Politik sitzt, als in Buchholz Kopf, wie alle seine Tanz=
touren diplomatische Verhandlungen bedeuten, wie jede seiner
Bewegungen eine politische Beziehung habe, so z. B. daß er
unser Kabinet meint, wenn er, sehnsüchtig vorgebeugt, mit den
Händen weitausgreift, daß er den Bundestag meint, wenn er
sich hundertmal auf einem Fuße herumdreht, ohne vom Fleck zu
kommen, daß er die kleinen Fürsten im Sinne hat, wenn er wie
mit gebundenen Beinen herumtrippelt, daß er das Europäische
Gleichgewicht bezeichnet, wenn er wie ein Trunkener hin= und
herschwankt, daß er einen Congreß andeutet, wenn er die gebo=
genen Arme knäuelartig in einander verschlingt, und endlich,
daß er unsern allzugroßen Freund im Osten darstellt, wenn er in
allmähliger Entfaltung sich in die Höhe hebt, in dieser Stellung
lange ruht, und plötzlich in die erschrecklichsten Sprünge aus=
bricht. Dem jungen Manne fielen die Schuppen von den Au=
gen, und jetzt merkte er, warum Tänzer besser honorirt werden,
als große Dichter, warum das Ballet bei'm diplomatischen
Corps ein unerschöpflicher Gegenstand des Gesprächs ist, und
warum oft eine schöne Tänzerin noch privatim von dem Mi=
nister unterhalten wird, der sich gewiß Tag und Nacht abmüht,
sie für sein politisches Systemchen empfänglich zu machen.
Bei'm Apis! wie groß ist die Zahl der exoterischen, und wie
klein die Zahl der esoterischen Theaterbesucher! Da steht das
blöde Volk und gafft und bewundert Sprünge und Wendungen,
und studirt Anatomie in den Stellungen der Lemiere, und
applaudirt die Entrechats der Röhnisch, und schwatzt von Grazie,
Harmonie und Lenden — und keiner merkt, daß er in getanzten
Chiffern das Schicksal des deutschen Vaterlandes vor Augen hat.

   Während solcherlei Gespräche hin= und herflogen, verlor man
doch das Nützliche nicht aus den Augen, und den großen
Schüsseln, die mit Fleisch, Kartoffeln u. s. w. ehrlich angefüllt
waren, wurde fleißig zugesprochen. Jedoch das Essen war
schlecht. Dieses erwähnte ich leichthin gegen meinen Nachbar,
der aber, mit einem Accente, woran ich den Schweizer erkannte,

gar unhöflich antwortete: daß wir Deutschen wie mit der
wahren Freiheit, so auch mit der wahren Genügsamkeit unbe-
kannt seien. Ich zuckte die Achseln und bemerkte: daß die
eigentlichen Fürstenknechte und Leckerkramverfertiger überall
Schweizer sind und vorzugsweise so genannt werden, und daß
überhaupt die jetzigen schweizerischen Freiheitshelden, die so viel
Politisch-Kühnes in's Publikum hineinschwatzen, mir immer
vorkommen wie Hasen, die auf öffentlichen Jahrmärkten Pistolen
abschießen, alle Kinder und Bauern durch ihre Kühnheit in Erstaunen setzen, und dennoch Hasen sind.

Der Sohn der Alpen hatte es gewiß nicht böse gemeint, „es
war ein dicker Mann, folglich ein guter Mann," sagt Cervan-
tes. Aber mein Nachbar von der andern Seite, ein Greifswalder, war durch jene Aeußerung sehr piquirt; er betheuerte,
daß deutsche Thatkraft und Einfältigkeit noch nicht erloschen sei,
schlug sich dröhnend auf die Brust, und leerte eine ungeheure
Stange Weißbier. Der Schweizer sagte: „Nu! Nu!" Doch,
je beschwichtigender er dieses sagte, desto eifriger ging der Greifswalder in's Geschirr. Dieser war ein Mann aus jenen Zeiten,
als die Läuse gute Tage hatten und die Friseure zu verhungern
fürchteten. Er trug herabhängendes langes Haar, ein ritter-
liches Barett, einen schwarzen, altdeutschen Rock, ein schmutzi-
ges Hemd, das zugleich das Amt einer Weste versah, und darunter ein Medaillon mit einem Haarbüschel von Blücher's
Schimmel. Er sah aus wie ein Narr in Lebensgröße. Ich
mache mir gern eine Bewegung bei'm Abendessen, und ließ
mich daher von ihm in einen patriotischen Streit verflechten.
Er war der Meinung, Deutschland müsse in 33 Gauen getheilt
werden. Ich hingegen behauptete: es müßten 48 sein, weil
man alsdann ein systematischeres Handbuch über Deutschland
schreiben könne, und es doch nothwendig sei, das Leben mit der
Wissenschaft zu verbinden. Mein Greifswalder Freund war
auch ein deutscher Barde, und, wie er mir vertraute, arbeitete
er an einem Nationalheldengedicht zur Verherrlichung Herr-

manns und der Herrmannsschlacht. Manchen nützlichen Wink
gab ich ihm für die Anfertigung dieses Epos. Ich machte ihn
darauf aufmerksam, daß es die Sümpfe und Krüppelwege des
teutoburger Waldes sehr onomatopöisch durch wäſſrige und holp=
rige Verse andeuten könne, und daß es eine patriotische Freiheit
wäre, wenn er den Varus und die übrigen Römer lauter Un=
sinn sprechen ließe. Ich hoffe, dieser Kunstkniff wird ihm, eben
so erfolgreich wie andern Berliner Dichtern, bis zur bedenklich=
sten Illuſion gelingen.

An unserem Tische wurde es immer lauter und traulicher,
der Wein verdrängte das Bier, die Punschbowlen dampften,
es wurde getrunken, smollirt und gesungen. Der alte Landes=
vater und herrliche Lieder von W. Müller, Rückert, Uhland
u. s. w. erschollen. Schöne Methfeſſel'ſche Melodien. Am
allerbesten erklangen unseres Arndt's deutsche Worte: „Der
Gott, der Eisen wachsen ließ, der wollte keine Knechte!" Und
draußen brauste es, als ob der alte Berg mitsänge, und einige
schwankende Freunde behaupteten sogar, er schüttle freudig sein
kahles Haupt und unser Zimmer werde dadurch hin= und her=
bewegt. Die Flaschen wurden leerer und die Köpfe voller.
Der Eine brüllte, der Andere fistulirte, ein Dritter deklamirte
aus der „Schuld," ein Vierter sprach Latein, ein Fünfter pre=
digte von der Mäßigkeit, und ein Sechster stellte sich auf den
Stuhl und dozirte: „Meine Herren! Die Erde ist eine runde
Walze, die Menschen sind einzelne Stiftchen darauf, scheinbar
arglos zerstreut; aber die Walze dreht sich, die Stiftchen stoßen
hier und da an und tönen, die einen oft, die andern selten, das
giebt eine wunderbare complicirte Musik, und diese heißt Welt=
geschichte. Wir sprechen also erst von der Musik, dann von
der Welt und endlich von der Geschichte; letztere aber theilen
wir ein in Positiv und spanische Fliegen —" und so ging's
weiter mit Sinn und Unsinn.

Ein gemüthlicher Mecklenburger, der seine Nase im Punsch=
glase hatte, und selig lächelnd den Dampf einschnupfte, machte

die Bemerkung: es sei ihm zu Muthe, als stände er wieder vor dem Theaterbüffet in Schwerin! Ein Anderer hielt sein Wein- glas wie ein Perspektiv vor die Augen und schien uns aufmerk- sam damit zu betrachten, während ihm der rothe Wein über die Backen in's hervortretende Maul hinablief. Der Greifswalder, plötzlich begeistert, warf sich an meine Brust und jauchzte: „O, verständest Du mich, ich bin ein Liebender, ich bin ein Glück- licher, ich werde wieder geliebt, und, Gott verdamm' mich)! es ist ein gebildetes Mädchen, denn sie trägt ein weißes Kleid und spielt Clavier." — Aber der Schweizer weinte, und küßte zärtlich meine Hand und wimmerte beständig: „O Bäbeli! O Bäbeli!"

In diesem verworrenen Treiben, wo die Teller tanzen und die Gläser fliegen lernten, saßen mir gegenüber zwei Jünglinge, schön und blaß wie Marmorbilder, der Eine mehr dem Adonis, der Andere mehr dem Apollo ähnlich. Kaum bemerkbar war der leichte Rosenhauch, den der Wein über ihre Wangen hin- warf. Mit unendlicher Liebe sahen sie sich einander an, als wenn Einer lesen könnte in den Augen des Andern, und in diesen Augen strahlte es, als wären einige Lichttropfen hinein gefallen aus jener Schaale voll lodernder Liebe, die ein frommer Engel dort oben von einem Stern zum andern hinüber trägt. Sie sprachen leise, mit sehnsuchtbebender Stimme, und es waren traurige Geschichtchen, aus denen ein wunderschmerzlicher Ton hervor klang. „Die Lore ist jetzt auch todt!" sagte der Eine und seufzte, und nach einer Pause erzählte er von einem Halle'- schen Mädchen, das in einen Studenten verliebt war, und als dieser Halle verließ, mit Niemand mehr sprach, und wenig aß, und Tag und Nacht weinte, und immer den Canarienvogel be- trachtete, den der Geliebte ihr einst geschenkt hatte. „Der Vogel starb und bald darauf ist auch die Lore gestorben!" so schloß die Erzählung, und beide Jünglinge schwiegen wieder und seufzten, als wollte ihnen das Herz zerspringen. Endlich sprach der Andere: „Meine Seele ist traurig! Komm mit

hinaus in die dunkle Nacht! Einathmen will ich den Hauch
der Wolken und die Strahlen des Mondes. Genosse meiner
Wehmuth! ich liebe Dich, Deine Worte tönen wie Rohrge=
flüster, wie gleitende Ströme, sie tönen wieder in meiner Brust,
aber meine Seele ist traurig!"

Nun erhoben sich die beiden Jünglinge, Einer schlang den
Arm um den Nacken des Andern, und sie verließen das tosende
Zimmer. Ich folgte ihnen nach und sah, wie sie in eine dunkle
Kammer traten, wie der Eine, statt des Fensters, einen großen
Kleiderschrank öffnete, wie Beide vor demselben, mit sehnsüchtig
ausgestreckten Armen, stehen blieben und wechselweise sprachen.
„Ihr Lüfte der dämmernden Nacht!" rief der Erste, „wie er=
quickend kühlt Ihr meine Wangen! Wie lieblich spielt Ihr mit
meinen flatternden Locken! Ich steh' auf des Berges wolfigem
Gipfel, unter mir liegen die schlafenden Städte der Menschen,
und blinken die blauen Gewässer. Horch! dort unten im Thale
rauschen die Tannen! Dort über die Hügel ziehen, in Nebelgestal=
ten, die Geister der Väter. O, könnt' ich mit Euch jagen, auf dem
Wolkenroß, durch die stürmische Nacht, über die rollende See, zu
den Sternen hinauf! Aber ach! ich bin beladen mit Leid und
meine Seele ist traurig!" — Der andere Jüngling hatte ebenfalls
seine Arme sehnsuchtsvoll nach dem Kleiderschrank ausgestreckt,
Thränen stürzten aus seinen Augen, und zu einer gelbledernen
Hose, die er für den Mond hielt, sprach er mit wehmüthiger
Stimme: „Schön bist du, Tochter des Himmels! Holdselig
ist deines Antlitzes Ruhe! Du wandelst einher in Lieblichkeit!
Die Sterne folgen deinen blauen Pfaden im Osten! Bei
deinem Anblick erfreuen sich die Wolken, und es lichten sich ihre
düstern Gestalten. Wer gleicht dir am Himmel, Erzeugte der
Nacht? Beschämt, in deiner Gegenwart, sind die Sterne, und
wenden ab die grünfunkelnden Augen. Wohin, wenn des
Morgens dein Antlitz erbleicht, entfliehst du von deinem Pfade?
Hast du gleich mir deine Halle? Wohnst du im Schatten der
Demuth? Sind deine Schwestern vom Himmel gefallen?

Sie, die freudig mit dir die Nacht durchwallten, sind sie nicht mehr? Ja, sie fielen herab, o schönes Licht, und du verbirgst dich oft, sie zu betrauern. Doch einst wird kommen die Nacht, und du, auch du bist vergangen, und hast deine blauen Pfade dort oben verlassen. Dann erheben die Sterne ihre grünen Häupter, die einst deine Gegenwart beschämt, sie werden sich freuen. Doch jetzt bist du gekleidet in deiner Strahlenpracht und schaust herab aus den Thoren des Himmels. Zerreißt die Wolken, o Winde, damit die Erzeugte der Nacht hervor zu leuchten vermag, und die buschigen Berge erglänzen und das Meer seine schäumenden Wogen rolle in Licht!"

Ein wohlbekannter, nicht sehr magerer Freund, der mehr getrunken als gegessen hatte, obgleich er auch heute Abend, wie gewöhnlich, eine Portion Rindfleisch verschlungen, wovon sechs Gardelieutenants und ein unschuldiges Kind satt geworden wären, dieser kam jetzt in allzugutem Humor, d. h. en Schwein, vorbeigerannt, schob die beiden elegischen Freunde etwas unsanft in den Schrank hinein, polterte nach der Hausthüre, und wirth= schaftete draußen ganz mörderisch. Der Lärm im Saal wurde auch immer verworrener und dumpfer. Die beiden Jünglinge im Schranke jammerten und wimmerten, sie lägen zerschmettert am Fuße des Berges; aus dem Hals strömte ihnen der edle Rothwein, sie überschwemmten sich wechselseitig, und der Eine sprach zum Andern: „Lebe wohl! Ich fühle, daß ich verblute. Warum weckst du mich, Frühlingsluft? Du buhlst und sprichst: ich bethaue dich mit Tropfen des Himmels. Doch die Zeit meines Welkens ist nahe, nahe der Sturm, der meine Blätter herabstört! Morgen wird der Wanderer kommen, kommen der mich sah in meiner Schönheit, ringsum wird sein Auge im Felde mich suchen, und wird mich nicht finden. —" Aber Alles übertobte die wohlbekannte Baßstimme, die draußen vor der Thüre, unter Fluchen und Jauchzen, sich gottlästerlich beklagte: daß auf der ganzen dunklen Weenderstraße keine einzige Laterne brenne, und man nicht einmal sehen könne, bei wem man die

Fensterscheiben eingeschmissen habe. — Ich kann viel vertra=
gen — die Bescheidenheit erlaubt mir nicht, die Bouteillenzahl
zu nennen — und ziemlich gut conditionirt gelangte ich nach
meinem Schlafzimmer. Der junge Kaufmann lag schon im
Bette, mit seiner kreideweißen Nachtmütze und safrangelben
Jacke von Gesundheitsflanell. Er schlief noch nicht und suchte
ein Gespräch mit mir anzuknüpfen. Er war ein Frankfurt=
am=Mainer, und folglich sprach er gleich von den Juden, die
Alles Gefühl für das Schöne und Edle verloren haben, und
die englischen Waaren 25 Procent unter dem Fabrikpreise ver=
kaufen. Es ergriff mich die Lust, ihn etwas zu mystificiren;
deshalb sagte ich ihm: ich sei ein Nachtwandler und müsse im
Voraus um Entschuldigung bitten, für den Fall, daß ich ihn
etwa im Schlafe stören möchte. Der arme Mensch hat des=
halb, wie er mir den andern Tag gestand, die ganze Nacht
nicht geschlafen, da er die Besorgniß hegte, ich könnte mit mei=
nen Pistolen, die vor meinem Bette lagen, im Nachtwandler=
zustande ein Malheur anrichten. Im Grunde war es mir nicht
viel besser als ihm gegangen, ich hatte sehr schlecht geschlafen.
Wüste, beängstigende Phantasiegebilde. Ein Clavierauszug
aus Dante's „Hölle." Am Ende träumte mir gar, ich sähe
die Aufführung einer juristischen Oper, die Falcidia geheißen,
erbrechtlicher Text von Gans und Musik von Spontini. Ein
toller Traum. Das römische Forum leuchtete prächtig, Serv.
Asinius Göschenus als Prätor auf seinem Stuhle, die Toga in
stolze Falten werfend, ergoß sich in polternden Recitativen,
Marcus Tullius Elversus, als Prima Donna legataria, all'
seine holde Weiblichkeit offenbarend, sang die liebeschmelzende
Bravourarie quicunque civis romanus, ziegelroth geschminkte
Referendarien brüllten als Chor der Unmündigen, Privatdo=
zenten, als Genien in fleischfarbigen Trikot gekleidet, tanzten ein
antejustinianeisches Ballet und bekränzten mit Blumen die zwölf
Tafeln, unter Donner und Blitz stieg aus der Erde der belei=
digte Geist der römischen Gesetzgebung, hierauf Posaunen, Tam=

tam, Feuerregen, cum omni causa. — Aus diesem Lärmen zog mich der Brockenwirth, indem er mich weckte, um den Son= nenaufgang anzusehen. Auf dem Thurm fand ich schon einige Harrende, die sich die frierenden Hände rieben, Andere, noch den Schlaf in den Augen, taumelten herauf: endlich stand die stille Gemeinde von gestern Abend wieder ganz versammelt, und schweigend sahen wir: wie am Horizonte die kleine, car= moisinrothe Kugel empor stieg, einem winterlich dämmernde Be= leuchtung sich verbreitete, die Berge wie in einen weißwallenden Meere schwammen, und bloß die Spitzen derselben sichtbar her= vor traten, so daß man auf einem kleinen Hügel zu stehen glaubte, mitten auf einer überschwemmten Ebene, wo nur hier und da eine trockene Erdscholle hervortritt. Um das Gesehene und Em= pfundene in Worten fest zu halten, zeichnete ich folgendes Ge= dicht:

> Heller wird es schon im Osten
> Durch der Sonne kleines Glimmen,
> Weit und breit die Bergesgipfel
> In dem Nebelmeere schwimmen.

> Hätt' ich Siebenmeilenstiefel,
> Lief ich mit der Hast des Windes
> Ueber jene Bergesgipfel,
> Nach dem Haus des lieben Kindes.

> Von dem Bettchen, wo sie schlummert,
> Zög' ich leise die Gardinen,
> Leise küßt ich ihre Stirne,
> Leise ihres Mund's Rubinen.

> Und noch leiser wollt' ich flüstern
> In die kleinen Liljenohren:
> Denk' im Traum, daß wir uns lieben,
> Und daß wir uns nie verloren.

Indessen, meine Sehnsucht nach einem Frühstück war eben= falls groß, und nachdem ich meinen Damen einige Höflichkeiten gesagt, eilte ich hinab, um in der warmen Stube Kaffee zu

trinken. Es that Noth; in meinem Magen sah es so nüchtern
aus, wie in der Goslar'schen Stephanskirche. Aber mit dem
arabischen Trank rieselte mir auch der warme Orient durch die
Glieder, östliche Rosen umdufteten mich, süße Bulbullieder er=
klangen, die Studenten verwandelten sich in Kamele, die Brocken=
hausmädchen, mit ihren Congrevischen Blicken, wurden zu
Houris, die Philisternasen wurden Minarets u. s. w.

Das Buch, das neben mir lag, war aber nicht der Koran.
Unsinn enthielt es freilich genug. Es war das sogenannte
Brockenbuch, worin alle Reisende, die den Berg ersteigen, ihre
Namen schreiben, und die Meisten noch einige Gedanken, und
in Ermangelung derselben, ihre Gefühle hinzu notiren. Viele
drücken sich sogar in Versen aus. In diesem Buche sieht man,
welche Greuel entstehen, wenn der große Philistertroß bei ge=
bräuchlichen Gelegenheiten, wie hier auf dem Brocken, sich vor=
genommen hat, poetisch zu werden. Der Palast des Prinzen
von Pallagonia, enthält keine so große Abgeschmacktheiten, wie
dieses Buch, wo besonders hervor glänzen die Herren Acciseein=
nehmer mit ihren verschimmelten Hochgefühlen, die Comptoir=
jünglinge mit ihren pathetischen Seelenergüssen, die altdeutschen
Revolutionsdilettanten mit ihren Turngemeinplätzen, die Ber=
liner Schullehrer mit ihren verunglückten Entzückungsphrasen
u. s. w. Herr Johannes Hagel will sich auch mal als Schrift=
steller zeigen. Hier wird des Sonnenaufgangs majestätische
Pracht beschrieben; dort wird geklagt über schlechtes Wetter,
über getäuschte Erwartungen, über den Nebel, der alle Aussicht
versperrt. „Benebelt herauf gekommen und benebelt hinunter
gegangen!" ist ein stehender Witz, der hier von Hunderten nach=
gerissen wird.

Das ganze Buch riecht nach Käse, Bier und Taback; man
glaubt einen Roman von Clauren zu lesen.

Während ich nun besagtermaßen Kaffee trank und im Brocken=
buche blätterte, trat der Schweizer mit hochrothen Wangen her=
ein, und voller Begeisterung erzählte er von dem erhabenen

Anblick, den er oben auf dem Thurm genossen, als das reine, ruhige Licht der Sonne, Sinnbild der Wahrheit, mit den nächtlichen Nebelmassen gekämpft, daß es ausgesehen habe wie eine Geisterschlacht, wo zürnende Riesen ihre langen Schwerdter ausstrecken, geharnischte Ritter, auf bäumenden Rossen, einher jagen, Streitwagen, flatternde Banner, abentheuerliche Thierbildungen aus dem wildesten Gewühle hervor tauchen, bis endlich Alles in den wahnsinnigsten Verzerrungen zusammen kräuselt, blasser und blasser zerrinnt, und spurlos verschwindet. Diese demagogische Naturerscheinung hatte ich versäumt, und ich kann, wenn es zur Untersuchung kommt, eidlich versichern: daß ich von nichts weiß, als vom Geschmack des guten braunen Kaffee's. Ach, dieser war sogar Schuld, daß ich meine schöne Dame vergessen, und jetzt stand sie vor der Thür, mit Mutter und Begleiter, im Begriff den Wagen zu besteigen. Kaum hatte ich noch Zeit, hin zu eilen und ihr zu versichern, daß es kalt sei. Sie schien unwillig, daß ich nicht früher gekommen; doch ich glättete bald die mißmüthigen Falten ihrer schönen Stirn, indem ich ihr eine wunderliche Blume schenkte, die ich den Tag vorher, mit halsbrechender Gefahr, von einer steilen Felsenwand gepflückt hatte. Die Mutter verlangte den Namen der Blume zu wissen, gleichsam als ob sie es unschicklich fände, daß ihre Tochter eine fremde, unbekannte Blume vor die Brust stecke — denn wirklich, die Blume erhielt diesen beneidenswerthen Platz, was sie sich gewiß gestern auf ihrer einsamen Höhe nicht träumen ließ. Der schweigsame Begleiter öffnete jetzt auf einmal den Mund, zählte die Staubfäden der Blume und sagte ganz trocken, sie gehört zur achten Classe.

Es ärgert mich jedesmal, wenn ich sehe, daß man auch Gottes liebe Blumen, eben so wie uns, in Casten getheilt hat, und nach ähnlichen Aeußerlichkeiten, nämlich nach Staubfäden-Verschiedenheit. Soll doch mal eine Eintheilung statt finden, so folge man dem Vorschlage Theophrast's, der die Blumen mehr nach dem Geiste, nämlich nach ihrem Geruch, eintheilen wollte.

Was mich betrifft, so habe ich in der Naturwissenschaft mein
eigenes System, und demnach theile ich Alles ein: in dasjenige,
was man essen kann, und in dasjenige, was man nicht essen
kann.

Jedoch, der ältern Dame war die geheimnißvolle Natur der
Blumen nichts weniger als verschlossen, und unwillkührlich
äußerte sie: daß sie von den Blumen, wenn sie noch im Garten
oder im Topfe wachsen, recht erfreut werde, daß hingegen ein
leises Schmerzgefühl, traumhaft beängstigend, ihre Brust durch=
zittere, wenn sie eine abgebrochene Blume sehe — da eine solche
doch eigentlich eine Leiche sei, und so eine gebrochene, zarte
Blumenleiche ihr welkes Köpfchen recht traurig herab hängen
lasse, wie ein todtes Kind. Die Dame war fast erschrocken
über den trüben Wiederschein ihrer Bemerkung, und es war
meine Pflicht, denselben mit einigen Voltaire'schen Versen zu
verscheuchen. Wie doch ein paar französische Worte uns gleich
in die gehörige Convenienzstimmung versetzen können! Wir
lachten, Hände wurden geküßt, huldreich wurde gelächelt, die
Pferde wieherten und der Wagen holperte, langsam und be=
schwerlich den Berg hinunter.

Nun machten auch die Studenten Anstalt zum Abreisen, die
Ranzen wurden geschnürt, die Rechnungen, die über alle Er=
wartung billig ausfielen, berichtigt, die empfänglichen Haus=
mädchen, auf deren Gesichtern die Spuren glücklicher Liebe,
brachten, wie gebräuchlich ist, die Brockensträußchen, halfen
solche auf die Mützen befestigen, wurden dafür mit einigen
Küssen oder Groschen honorirt; und so stiegen wir Alle den
Berg hinab, indem die Einen, wobei der Schweizer und Greifs=
walder, den Weg nach Schierke einschlugen, und die Andern,
ungefähr zwanzig Mann, wobei auch meine Landsleute und ich,
angeführt von einem Wegweiser, durch die sogenannten Schnee=
löcher hinab zogen nach Ilsenburg.

Das ging über Hals und Kopf. Halle'sche Studenten mar=
schiren schneller, als die östreichische Landwehr. Ehe ich mich

deſſen verſah, war die kahle Partie des Bergen mit den darauf
zerſtreuten Steingruppen ſchon hinter uns, und wir kamen durch
einen Tannenwald, wie ich ihn den Tag vorher geſehen.   Die
Sonne goß ſchon ihre feſtlichen Strahlen herab und beleuchtete
die humoriſtiſch buntgekleideten Burſchen, die ſo munter durch
das Dickigt drangen, hier verſchwanden, dort wieder zum Vor=
ſchein kamen, bei Sumpfſtellen über die quergelegten Baum=
ſtämme liefen, bei abſchüſſigen Tiefen an den rankenden Wur=
zeln kletterten, in den ergötzlichſten Tonarten empor johlten,
und eben ſo luſtige Antwort zurück erhielten von den zwitſchern=
den Waldvögeln, von den rauſchenden Tannen, von den unſicht=
bar plätſchernden Quellen und von dem ſchallenden Echo. Wenn
frohe Jugend und ſchöne Natur zuſammen kommen, ſo freuen
ſie ſich wechſelſeitig.

Je tiefer wir hinab ſtiegen, deſto lieblicher rauſchte das unter=
irdiſche Gewäſſer, nur hier und da, unter Geſtein und Ge=
ſtrippe, blinkte es hervor, und ſchien heimlich zu lauſchen, ob es
an's Licht treten dürfe, und endlich kam eine kleine Welle ent=
ſchloſſen hervor geſprungen.   Nun zeigt ſich die gewöhnliche
Erſcheinung: ein Kühner macht den Anfang, und der große
Troß der Zagenden wird plötzlich, zu ſeinem eigenen Erſtau=
nen, von Muth ergriffen, und eilt, ſich mit jenem Erſten zu
vereinigen.   Eine Menge anderer Quellen hüpften jetzt haſtig
aus ihrem Verſteck, verbanden ſich mit der zuerſt hervorgeſprun=
genen, und bald bildeten ſie zuſammen ein ſchon bedeutendes
Bächlein, das in unzähligen Waſſerfällen, und in wunderlichen
Windungen, das Bergthal hinab rauſcht.   Das iſt nun die
Ilſe, die liebliche, ſüße Ilſe.   Sie zieht ſich durch das geſegnete
Ilſethal, an deſſen beiden Seiten ſich die Berge allmählig höher
erheben, und dieſe ſind, bis zu ihrem Fuße, meiſtens mit
Buchen, Eichen und gewöhnlichem Blattgeſträuche bewachſen,
nicht mehr mit Tannen und anderm Nadelholz.   Denn jene
Blätterholzart wird vorherrſchend auf dem „Unterharze“, wie
man die Oſtſeite des Brockens nennt, im Gegenſatz zur Weſt=

seite desselben, die der „Oberharz“ heißt, und wirklich viel höher
ist, und also auch viel geeigneter zum Gedeihen der Nadelhölzer.

Es ist unbeschreibbar, mit welcher Fröhlichkeit, Naivetät und
Anmuth die Ilse sich hinunter stürzt über die abentheuerlich gebildeten Felsstücke, die sie in ihrem Laufe findet, so daß das
Wasser hier wild empor zischt oder schäumend überläuft, dort
aus allerlei Steinspalten, wie aus tollen Gießkannen, in reinen
Bögen sich ergießt, und unten wieder über die kleinen Steine
hintrippelt, wie ein munteres Mädchen. Ja, die Sage ist
wahr, die Ilse ist eine Prinzessin, die lachend und blühend den
Berg hinabläuft. Wie blinkt im Sonnenschein ihr weißes
Schaumgewand! Wie flattern im Winde ihre silbernen Busen-
bänder! Wie funkeln und blitzen ihre Diamanten! Die hohen
Buchen stehen dabei gleich ernsten Vätern, die verstohlen lächelnd
dem Muthwillen des lieblichen Kindes zusehen; die weißen
Birken bewegen sich tantenhaft vergnügt, und doch zugleich ängstlich über die gewagten Sprünge; der stolze Eichbaum schaut
drein wie ein verdrießlicher Oheim, der das schöne Wetter bezahlen soll; die Vögelein in den Lüften jubeln ihren Beifall, die
Blumen am Ufer flüstern zärtlich: O, nimm uns mit, nimm
uns mit, lieb’ Schwesterchen! — aber das lustige Mädchen
springt unaufhaltsam weiter und plötzlich ergreift sie den träu-
menden Dichter, und es strömt auf mich herab ein Blumenregen von klingenden Strahlen und strahlenden Klängen, und die
Sinne vergehen mir vor lauter Herrlichkeit, und ich höre nur
noch die flötensüße Stimme

> Ich bin die Prinzessin Ilse
> Und wohne im Ilsenstein;
> Komm mit mir nach meinem Schlosse,
> Wir wollen selig sein.
>
> Dein Haupt will ich benetzen
> Mit meiner klaren Well’,
> Du sollst deine Schmerzen vergessen,
> Du sorgenkranker Gesell!

In meinen weißen Armen,
An meiner weißen Brust,
Da sollst du liegen und träumen
Von alter Mährchenlust.

Ich will dich küssen und herzen,
Wie ich geherzt und geküßt
Den lieben Kaiser Heinrich,
Der nun gestorben ist.

Es bleiben todt die Todten,
Und nur der Lebendige lebt;
Und ich bin schön und blühend,
Mein lachendes Herze bebt.

Und bebt mein Herz dort unten,
So klingt mein krystallenes Schloß,
Es tanzen die Fräulein und Ritter,
Es jubelt der Knappentroß.

Es rauschen die seidenen Schleppen,
Es klirren die Eisenspor'n,
Die Zwerge trompeten und pauken,
Und fideln und blasen das Horn.

Doch dich soll mein Arm umschlingen,
Wie er Kaiser Heinrich umschlang;
Ich hielt ihm zu die Ohren,
Wenn die Trompet' erklang.

Unendlich selig ist das Gefühl, wenn die Erscheinungswelt mit unserer Gemüthswelt zusammenrinnt, und grüne Bäume, Gedanken, Vogelgesang, Wehmuth, Himmelsbläue, Erinnerung und Kräuterduft sich in süßen Arabesken verschlingen. Die Frauen kennen am besten dieses Gefühl, und darum mag auch ein so holdselig ungläubiges Lächeln um ihre Lippen schweben, wenn wir mit Schulstolz unsere logischen Thaten rühmen, wie wir Alles so hübsch eingetheilt in objektiv und subjektiv, wie wir unsere Köpfe apothekenartig mit tausend Schubladen versehen, wo in der einen Vernunft, in der andern Verstand, in

der dritten Witz, in der vierten schlechter Witz, und in der fünf=
ten gar nichts, nämlich die Idee, enthalten ist.

Wie im Traume fortwandelnd, hatte ich fast nicht bemerkt,
daß wir die Tiefe des Ilsethales verlassen, und wieder bergauf
stiegen. Das ging sehr steil und mühsam, und Mancher von
uns kam außer Athem. Doch wie unser seliger Vetter, der zu
Mölln begraben liegt, dachten wir im Voraus an's Bergabstei=
gen, und waren um so vergnügter. Endlich gelangten wir auf
den Ilsenstein.

Das ist ein ungeheurer Granitfelsen, der sich lang und keck
aus der Tiefe erhebt. Von drei Seiten umschließen ihn die
hohen, waldbedeckten Berge, aber die vierte, die Nordseite, ist
frei und hier schaut man das unten liegende Ilsenburg und die
Ilse, weit hinab in's niedere Land. Auf der thurmartigen
Spitze des Felsens steht ein großes, eisernes Kreuz, und zur
Noth ist da noch Platz für vier Menschenfüße.

Wie nun die Natur, durch Stellung und Form, den Ilsen=
felsen mit phantastischen Reizen geschmückt, so hat auch die Sage
ihren Rosenschein darüber ausgegossen. Gottschalk berichtet:
„Man erzählt, hier habe ein verwünschtes Schloß gestanden, in
welchem die reiche, schöne Prinzessin Ilse gewohnt, die sich noch
jetzt jeden Morgen in der Ilse bade; und wer so glücklich ist,
den rechten Zeitpunkt zu treffen, werde von ihr in den Felsen,
wo ihr Schloß sei, geführt und königlich belohnt!" Andere er=
zählen von der Liebe des Fräuleins Ilse und des Ritters von
Westenberg eine hübsche Geschichte, die einer unserer bekannte=
sten Dichter romantisch in der „Abendzeitung" besungen hat.
Andere wieder erzählen anders: es soll der altsächsische Kaiser
Heinrich gewesen sein, der mit Ilse, der schönen Wasserfee, in
ihrer verzauberten Felsenburg die kaiserlichsten Stunden genossen.
Ein neuerer Schriftsteller, Herr Niemann, Wohlgeb., der ein
Harzreisebuch geschrieben, worin er die Gebirgshöhen, Abwei=
chungen der Magnetnadel, Schulden der Städte und dergleichen
mit löblichem Fleiße und genauen Zahlen angegeben, behauptet

indeß: „was man von der schönen Prinzessin Ilse erzählt, ge=
hört dem Fabelreiche an." So sprechen alle diese Leute, denen
eine solche Prinzessin niemals erschienen ist, wir aber, die wir
von schönen Damen besonders begünstigt werden, wissen das
besser. Auch Kaiser Heinrich wußte es. Nicht umsonst hingen
die altsächsischen Kaiser so sehr an ihrem heimischen Harze.
Man blättere nur in der hübschen Lüneburger Chronik, wo die
guten, alten Herren, in wunderlich treuherzigen Holzschnitten,
abconterfeit sind, wohl geharnischt, hoch auf ihrem gewappneten
Schlachtroß, die heilige Kaiserkrone auf dem theuren Haupte,
Scepter und Schwerdt in festen Händen; und auf den lieben,
knebelbärtigen Gesichtern kann man deutlich lesen, wie oft sie
sich nach den süßen Herzen ihrer Harzprinzessinnen und dem
traulichen Rauschen der Harzwälder zurück sehnten, wenn sie in
der Fremde weilten, wohl gar in dem zitronen= und giftreichen
Welschland, wohin sie und ihre Nachfolger so oft verlockt wur=
den von dem Wunsche, römische Kaiser zu heißen, einer echt=
deutschen Titelsucht, woran Kaiser und Reich zu Grunde gingen.

Ich rathe aber Jedem, der auf der Spitze des Ilsensteins
steht, weder an Kaiser und Reich, noch an die schöne Ilse, son=
dern bloß an seine Füße zu denken. Denn als ich dort stand,
in Gedanken verloren, hörte ich plötzlich die unterirdische Musik
des Zauberschlosses, und ich sah, wie sich die Berge ringsum
auf die Köpfe stellten, und die rothen Ziegeldächer zu Ilsenburg
anfingen zu tanzen, und die grünen Bäume in der blauen Luft
herumflogen, daß es mir blau und grün vor den Augen wurde,
und ich sicher, vom Schwindel erfaßt, in den Abgrund gestürzt
wäre, wenn ich mich nicht, in meiner Seelennoth, an's eiserne
Kreuz festgeklammert hätte. Daß ich, in so mißlicher Stellung,
dieses letztere gethan habe, wird mir gewiß Niemand verdenken.

***

Die Harzreise ist und bleibt Fragment, und die bunten Fäden,
die so hübsch hineingesponnen sind, um sich im Ganzen harmo=

nisch zu verschlingen, werden plötzlich, wie von der Scheere der unerbittlichen Parze, abgeschnitten. Vielleicht verwebe ich sie weiter in künftigen Liedern, und was jetzt kärglich verschwiegen ist, wird alsdann vollauf gesagt. Am Ende kommt es auch auf Eins heraus, wann und wo man etwas ausgesprochen hat, wenn man es nur überhaupt einmal ausspricht. Mögen die einzelnen Werke immerhin Fragmente bleiben, wenn sie nur in ihrer Vereinigung ein Ganzes bilden. Durch solche Vereinigung mag hier und da das Mangelhafte ergänzt, das Schroffe ausgeglichen und das Allzuherbe gemildert werden. Dieses würde vielleicht schon bei den ersten Blättern der Harzreise der Fall sein, und sie könnten wohl einen minder sauern Eindruck hervorbringen, wenn man anderweitig erführe, daß der Unmuth, den ich gegen Göttingen im Allgemeinen hege, obschon er noch größer ist, als ich ihn ausgesprochen, doch lange nicht so groß ist wie die Verehrung, die ich für einige Individuen dort empfinde. Und warum sollte ich es verschweigen, ich meine hier ganz besonders jenen viel theueren Mann, der schon in frühern Zeiten sich so freundlich meiner annahm, mir schon damals eine innige Liebe für das Studium der Geschichte einflößte, mich späterhin in dem Eifer für dasselbe bestärkte, und dadurch meinen Geist auf ruhigere Bahnen führte, meinem Lebensmuthe heilsamere Richtungen anwies, und mir überhaupt jene historischen Tröstungen bereitete, ohne welche ich die qualvollen Erscheinungen des Tages nimmermehr ertragen würde. Ich spreche von Georg Sartorius, dem großen Geschichtsforscher und Menschen, dessen Auge ein klarer Stern ist in unserer dunkeln Zeit, und dessen gastliches Herz offen steht für alle fremde Leiden und Freuden, für die Besorgnisse des Bettlers und des Königs, und für die letzten Seufzer untergehender Völker und ihrer Götter. —

Ich kann nicht umhin, hier ebenfalls anzudeuten: daß der Oberharz, jener Theil des Harzes, den ich bis zum Anfang des Ilsethals beschrieben habe, bei weitem keinen so erfreulichen Anblick, wie der romantisch malerische Unterharz gewährt, und in

feiner wildschroffen, tannendüstern Schönheit gar sehr mit dem=
selben contrastirt; so wie ebenfalls die drei, von der Ilse, von
der Bode und von der Selke gebildeten Thäler des Unterharzes
gar anmuthig unter einander contrastiren, wenn man den Cha=
rakter jedes Thales zu personificiren weiß. Es sind drei Frauen=
gestalten, wovon man nicht so leicht zu entscheiden vermag, welche
die Schönste sei.

Von der lieben, süßen Ilse und wie süß und lieblich sie mich
empfangen, habe ich schon gesagt und gesungen. Die düstere
Schöne, die Bode, empfing mich nicht so gnädig, und als ich
sie im schmiededunkeln Rübeland zuerst erblickte, schien sie gar
mürrisch und verhüllte sich in einen silbergrauen Regenschleier:
aber mit rascher Liebe warf sie ihn ab, als ich auf die Höhe der
Roßtrappe gelangte, ihr Antlitz leuchtete mir entgegen in sonnig=
ster Pracht, aus allen Zügen hauchte eine kolossale Zärtlichkeit,
und aus der bezwungenen Felsenbrust drang es hervor wie
Sehnsuchtseufzer und schmelzende Laute der Wehmuth. Minder
zärtlich, aber fröhlicher, zeigte sich mir die schöne Selke, die
schöne, liebenswürdige Dame, deren edle Einfalt und heitere
Ruhe alle sentimentale Familiarität entfernt hält, die aber doch
durch ein halbverstecktes Lächeln ihren neckenden Sinn verräth;
und diesem möchte ich es wohl zuschreiben, daß mich im Selke=
thal gar mancherlei kleines Ungemach heimsuchte, daß ich, indem
ich über das Wasser springen wollte, just in die Mitte hinein=
plumpste, daß nachher, als ich das nasse Fußzeug mit Pantoffeln
vertauscht hatte, einer derselben mir abhanden, oder vielmehr
abfüßen kam, daß mir ein Windstoß die Mütze entführte, daß
mir Walddorne die Beine zerfetzten, u. leider s. w. Doch all
dieses Ungemach verzeihe ich gern der schönen Dame, denn sie
ist schön. Und jetzt steht sie vor meiner Einbildung mit all
ihrem stillen Liebreiz, und scheint zu sagen: wenn ich auch lache,
so meine ich es doch gut mit Ihnen, und ich bitte Sie, besingen
Sie mich. Die herrliche Bode tritt ebenfalls hervor in meiner
Erinnerung, und ihr dunkles Auge spricht: du gleichst mir im

Stolz und im Schmerze, und ich will, daß du mich liebst. Auch
die schöne Ilse kommt herangesprungen, zierlich und bezaubernd
in Miene, Gestalt und Bewegung; sie gleicht ganz dem holden
Wesen, das meine Träume beseligt, und ganz, wie sie, schaut
sie mich an, mit unwiderstehlicher Gleichgültigkeit und doch zu=
gleich so innig, so ewig, so durchsichtig wahr. — Nun, ich bin
Paris, die drei Göttinnen stehen vor mir, und den Apfel gebe
ich der schönen Ilse.

Es ist heute der erste Mai, wie ein Meer des Lebens ergießt
sich der Frühling über die Erde, der weiße Blüthenschaum bleibt
an den Bäumen hängen, ein weiter, warmer Nebelglanz ver=
breitet sich überall, in der Stadt blitzen freudig die Fensterschei=
ben der Häuser, an den Dächern bauen die Spatzen wieder ihre
Nestchen, auf der Straße wandeln die Leute und wundern sich,
daß die Luft so angreifend und ihnen selbst so wunderlich zu
Muthe ist, die bunten Vierländerinnen bringen Veilchensträußer,
die Waisenkinder, mit ihren blauen Jäckchen und ihren lieben,
unehelichen Gesichtchen, ziehen über den Jungfernstieg und freuen
sich, als sollten sie heute einen Vater wiederfinden, der Bettler
an der Brücke schaut so vergnügt, als hätte er das große Loos
gewonnen, sogar den schwarzen, noch ungehenkten Makler, der
dort mit seinem spitzbübischen Manufakturwaaren=Gesicht ein=
herläuft, bescheint die Sonne mit ihren tolerantesten Strahlen, —
ich will hinauswandern vor das Thor.

Es ist der erste Mai, und ich denke deiner, du schöne Ilse —
oder soll ich dich „Agnes" nennen, weil mir dieser Name am
besten gefällt? — ich denke deiner, und ich möchte wieder zu=
sehen, wie du leuchtend den Berg hinabläufst. Am liebsten
aber möchte ich unten im Thale stehen und dich auffangen in
meine Arme. — Es ist ein schöner Tag! Ueberall sehe ich die
grüne Farbe, die Farbe der Hoffnung. Ueberall, wie holde
Wunder, blühen hervor die Blumen, und auch mein Herz will
wieder blühen. Dieses Herz ist auch eine Blume, eine gar
wunderliche. Es ist kein bescheidenes Veilchen, keine lachende

Rose, keine reine Lilie, oder sonstiges Blümchen, das mit artiger
Lieblichkeit den Mädchensinn erfreut, und sich hübsch vor den
hübschen Busen stecken läßt, und heute welkt und morgen wieder
blüht. Dieses Herz gleicht mehr jener schweren, abentheuer-
lichen Blume aus den Wäldern Brasiliens, die, der Sage nach,
alle hundert Jahre nur einmal blüht. Ich erinnere mich, daß
ich als Knabe eine solche Blume gesehen. Wir hörten in der
Nacht einen Schuß, wie von einer Pistole, und am folgenden
Morgen erzählten mir die Nachbarskinder, daß es ihre „Aloe“
gewesen, die mit solchem Knalle plötzlich aufgeblüht sei. Sie
führten mich in ihren Garten, und da sah ich, zu meiner Verwunderung, daß das niedrige, harte Gewächs, mit den närrisch
breiten, scharfgezackten Blättern, woran man sich leicht verletzen
konnte, jetzt ganz in die Höhe geschossen war, und oben, wie
eine goldene Krone, die herrlichste Blüthe trug. Wir Kinder
konnten nicht mal so hoch hinauf sehen, und der alte, schmunzelnde Christian, der uns lieb hatte, baute uns eine hölzerne
Treppe um die Blume herum, und da kletterten wir hinauf,
wie die Katzen, und schauten neugierig in den offenen Blumen-
kelch, woraus die gelben Strahlenfäden und wildfremden Düfte
mit unerhörter Pracht hervordrangen.

Ja, Agnes, oft und leicht kommt dieses Herz nicht zum
Blühen; so viel ich mich erinnere, hat es nur ein einziges Mal
geblüht, und das mag schon lange her sein, gewiß schon hundert
Jahr. Ich glaube, so herrlich auch damals seine Blüthe sich
entfaltete, so mußte sie doch aus Mangel an Sonnenschein und
Wärme elendiglich verkümmern, wenn sie nicht gar von einem
dunkeln Wintersturme gewaltsam zerstört worden. Jetzt aber
regt und drängt es sich wieder in meiner Brust, und hörst du
plötzlich den Schuß — Mädchen! erschrick nicht! ich hab' mich
nicht todt geschossen, sondern meine Liebe sprengt ihre Knospe,
und schießt empor in strahlenden Liedern, in ewigen Dithyramben, in freudigster Sangesfülle.

Ist dir aber diese hohe Liebe zu hoch, Mädchen, so mach es

dir bequem, und besteige die hölzerne Treppe, und schaue von
dieser hinab in mein blühendes Herz.

Es ist noch früh am Tage, die Sonne hat kaum die Hälfte
ihres Weges zurückgelegt, und mein Herz duftet schon so stark,
daß es mir betäubend zu Kopfe steigt, und ich nicht mehr weiß,
wo die Ironie aufhört und der Himmel anfängt, daß ich die Luft
mit meinen Seufzern bevölkere, und daß ich selbst wieder zerrinnen möchte in süße Atome, in die unerschaffene Gottheit; —
wie soll das erst gehen, wenn es Nacht wird, und die Sterne am
Himmel erscheinen, „die unglücksel'gen Sterne, die dir sagen
können — —"

Es ist der erste Mai, der lumpigste Ladenschwengel hat heute
das Recht, sentimental zu werden, und dem Dichter wolltest du
es verwehren?

Ideen.

Das Buch Le Grand.

1826.

> Das Geschlecht der Oerindur,
> Unsres Thrones feste Säule,
> Soll bestehn, ob die Natur
> Auch damit zu Ende eile.
>
> Müllner.

Erstes Kapitel.

Sie war liebenswürdig, und Er liebte Sie; Er aber war nicht liebenswürdig, und Sie liebte Ihn nicht. (Altes Stück.)

Madame, können Sie das alte Stück? Es ist ein ganz außerordentliches Stück, nur etwas zu sehr melancholisch. Ich hab' mal die Hauptrolle darin gespielt, und da weinten alle Damen, nur eine Einzige weinte nicht, nicht eine einzige Thräne weinte sie, und das war eben die Pointe des Stücks, die eigentliche Katastrophe. —

O diese einzige Thräne! sie quält mich noch immer in Gedanken; der Satan, wenn er meine Seele verderben will, flüstert mir in's Ohr ein Lied von dieser ungeweinten Thräne, ein fatales Lied mit einer noch fataleren Melodie — ach, nur in der Hölle hört man diese Melodie! — — — — —
— — — — —

Zweites Kapitel.

Sie war liebenswürdig und Er liebte Sie; Er aber war nicht
liebenswürdig, und Sie liebte Ihn nicht.   (Altes Stück.)

———

Madame! das alte Stück ist eine Tragödie, obschon der Held
darin weder ermordet wird, noch sich selbst ermordet. Die
Augen der Heldin sind schön, sehr schön — Madame, riechen
Sie nicht Veilchenduft? — sehr schön, und doch so scharfge=
schliffen, daß sie mir wie gläserne Dolche durch das Herz dran=
gen, und gewiß aus meinem Rücken wieder herausguckten —
aber ich starb doch nicht an diesen meuchelmörderischen Augen.
Die Stimme der Heldin ist auch schön — Madame, hörten Sie
nicht eben eine Nachtigall schlagen? — eine schöne, seidne
Stimme, ein süßes Gespinnst der sonnigsten Töne, und meine
Seele ward darin verstrickt und würgte sich und quälte sich.
Ich selbst — es ist der Graf vom Ganges, der jetzt spricht, und
die Geschichte spielt in Venedig — ich selbst hatte mal dergleichen
Quälereien satt, und ich dachte schon im ersten Akte dem Spiel
ein Ende zu machen, und die Schellenkappe mitsammt dem
Kopfe herunter zu schießen, und ich ging nach einem Galanterie=
laden auf der Via Burstah, wo ich ein paar schöne Pistolen in
einem Kasten ausgestellt fand — ich erinnere mich dessen noch
sehr gut, es standen daneben viel freudige Spielsachen von
Perlemutter und Gold, eiserne Herzen an güldenen Kettlein,
Porzellantassen mit zärtlichen Devisen, Schnupftabaksdosen mit
hübschen Bildern, z. B. die göttliche Geschichte von der Su=
sanna, der Schwanengesang der Leda, der Raub der Sabi=
nerinnen, die Lukrezia, das dicke Tugendmensch mit dem ent=
blößten Busen, in den sie sich den Dolch nachträglich hineinstößt,
die selige Bethmann, la belle ferronière, lauter lockende Ge=
sichter — aber ich kaufte doch die Pistolen ohne viel zu dingen,
und dann kauft' ich Kugeln, dann Pulver, und dann ging ich
in den Keller des Signor Unbescheiden, und ließ mir Austern
und ein Glas Rheinwein vorstellen. — /.

Essen konnt' ich nicht und trinken noch viel weniger. Die
heißen Tropfen fielen in's Glas, und im Glas sah ich die liebe
Heimath, den blauen, heiligen Ganges, den ewigstrahlenden
Himalaya, die riesigen Bananenwälder, in deren weiten Laub=
gängen die klugen Elephanten und die weißen Pilger ruhig
wandelten, seltsam träumerische Blumen sahen mich an, heimlich
mahnend, goldne Wundervögel jubelten mild, flimmernde Son=
nenstrahlen und süßnärrische Laute von lachenden Affen neckten
mich lieblich, aus fernen Pagoden ertönten die frommen Prie=
stergebete, und dazwischen klang die schmelzend klagende Stimme
der Sultanin von Delhi — in ihrem Teppichgemache rannte sie
stürmisch auf und nieder, sie zerriß ihren silbernen Schleier, sie
stieß zu Boden die schwarze Sclavin mit dem Pfauenwedel, sie
weinte, sie tobte, sie schrie. — Ich konnte sie aber nicht ver=
stehen, der Keller des Signor Unbescheiden ist 3000 Meilen
entfernt vom Harem zu Delhi, und dazu war die schöne Sul=
tanin schon todt seit 3000 Jahren — und ich trank hastig den
Wein, den hellen, freudigen Wein, und doch wurde es in meiner
Seele immer dunkler und trauriger — Ich war zum Tode ver=
urtheilt — — — — — — — —
— — — — — — — — —
— — — —

Als ich die Kellertreppe wieder hinaufstieg, hörte ich das
Armesünderglöckchen läuten, die Menschenmenge wogte vorüber;
ich aber stellte mich an die Ecke der Strada San Giovanni und
hielt folgenden Monolog:

    In alten Mährchen giebt es gold'ne Schlösser,
    Wo Harfen klingen, schöne Jungfrau'n tanzen,
    Und schmucke Diener blitzen, und Jasmin
    Und Myrth' und Rosen ihren Duft verbreiten —
    Und doch ein einziges Entzaubrungswort
    Macht all' die Herrlichkeit im Nu zerstieben,
    Und übrig bleibt nur alter Trümmerschutt
    Und krächzend Nachtgevögel und Morast.
    So hab' auch ich, mit einem einz'gen Worte,

Die ganze blühende Natur entzaubert.
Da liegt sie nun, leblos und kalt und fahl
Wie eine aufgeputzte Königsleiche,
Der man die Backenknochen roth gefärbt
Und in die Hand ein Zepter hat gelegt.
Die Lippen aber schauen gelb und welk,
Weil man vergaß sich gleichfalls roth zu schminken
Und Mäuse springen um die Königsnase,
Und spotten frech des großen, goldnen Zepters. —

Es ist allgemein rezipirt, Madame, daß man einen Mono=
log hält, ehe man sich todt schießt. Die meisten Menschen be=
nutzen bei solcher Gelegenheit das Hamlet'sche „Sein oder
Nichtsein." Es ist eine gute Stelle und ich hätte sie hier auch
gern zitirt — aber, jeder ist sich selbst der Nächste, und hat man,
wie ich, ebenfalls Tragödien geschrieben, worin solche Lebens=
abiturienten=Reden enthalten sind, z. B. den unsterblichen „Al=
mansor", so ist es sehr natürlich, daß man seinen eignen Worten,
sogar vor den Shakespear'schen den Vorzug giebt. Auf jeden
Fall sind solche Reden ein sehr nützlicher Brauch; man gewinnt
dadurch wenigstens Zeit. — Und so geschah es, daß ich an der
Ecke der Strada San Giovanni etwas lange stehen blieb —
und als ich da stand, ein Verurtheilter, der dem Tode geweiht
war, da erblickte ich plötzlich Sie!

Sie trug ihr blauseidnes Kleid, und den rosarothen Hut, und
ihr Auge sah mich an so mild, so todtbesiegend, so lebenschen=
kend — Madame, Sie wissen wohl aus der römischen Ge=
schichte, daß, wenn die Vestalinnen im alten Rom auf ihrem
Wege einem Verbrecher begegneten, der zur Hinrichtung geführt
wurde, so hatten sie das Recht, ihn zu begnadigen, und der
arme Schelm blieb am Leben. — Mit einem einzigen Blick hat
sie mich vom Tode gerettet, und ich stand vor ihr wie neubelebt,
wie geblendet vom Sonnenglanze ihrer Schönheit, und sie ging
weiter — und ließ mich am Leben.

Drittes Kapitel.

Und sie ließ mich am Leben, und ich lebe, und das ist die Hauptsache.

Mögen Andere das Glück genießen, daß die Geliebte ihr Grabmahl mit Blumenkränzen schmückt und mit Thränen der Treue benetzt — O, Weiber! haßt mich, verlacht mich, bekorbt mich! aber laßt mich leben! das Leben ist gar zu spaßhaft süß; und die Welt ist so lieblich verworren; sie ist der Traum eines weinberauschten Gottes, der sich aus der zechenden Götterversammlung à la française fortgeschlichen, auf einen einsamen Stern sich schlafen gelegt, und selbst nicht weiß, daß er alles das auch erschafft, was er träumt — und die Traumgebilde gestalten sich oft buntscheckig toll, oft auch harmonisch vernünftig — die Ilias, Plato, die Schlacht bei Marathon, Moses, die mediceische Venus, der Straßburger Münster, die französische Revolution, Hegel, die Dampfschiffe u. s. w. sind einzelne gute Gedanken in diesem schaffenden Gottestraum — aber es wird nicht lange dauern, und der Gott erwacht, und reibt sich die verschlafenen Augen und lächelt — und unsere Welt ist zerronnen in Nichts, ja, sie hat nie existirt.

Gleichviel! ich lebe. Bin ich auch nur das Schattenbild in einem Traum, so ist auch dieses besser als das kalte, schwarze, leere Nichtsein des Todes. Das Leben ist der Güter höchstes, und das schlimmste Uebel ist der Tod. Mögen berlinische Gardelieutenants immerhin spötteln und es Feigheit nennen, daß der Prinz von Homburg zurückschaudert, wenn er sein offenes Grab erblickt — Heinrich Kleist hatte dennoch eben so viel Courage wie seine hochbrüstigen, wohlgeschnürten Collegen, und er hat es bewiesen. Aber alle kräftige Menschen lieben das Leben. Goethe's Egmont scheidet nicht gern „von der freundlichen Gewohnheit des Daseins und Wirkens." Immermann's Edwin hängt am Leben „wie'n Kindlein an der Mutter Brüsten,"

und obgleich es ihm hart ankömmt, durch fremde Gnade zu
leben, so fleht er dennoch um Gnade :

> „Weil Leben, Athmen doch das Höchste ist."

Wenn Odysseus in der Unterwelt den Achilleus als Führer
todter Helden sieht und preist wegen seines Ruhmes bei den Le=
bendigen und seines Ansehens sogar bei den Todten, antwortet
dieser :

> „Nicht mehr rede vom Tod' ein Trostwort, edler Odysseus!
> Lieber ja wollt' ich das Feld als Tagelöhner bestellen
> Einem dürftigen Mann, ohn' Erbe und eigenen Wohlstand,
> Als die sämmtliche Schaar der geschwundenen Todten beherrschen."

Ja, als der Major Düvent den großen Israel Löwe auf
Pistolen forderte und zu ihm sagte : wenn Sie sich nicht stellen,
Herr Löwe, so sind Sie ein Hund; da antwortete dieser : ich
will lieber ein lebendiger Hund sein, als ein todter Löwe! und
er hatte Recht. — Ich habe mich oft genug geschlagen, Ma=
dame, um dieses sagen zu dürfen — Gottlob! ich lebe! In
meinen Adern kocht das rothe Leben, unter meinen Füßen zuckt
die Erde, in Liebesgluth umschlinge ich Bäume und Marmor=
bilder, und sie werden lebendig in meiner Umarmung. Jedes
Weib ist mir eine geschenkte Welt, ich schwelge in den Melodien
ihres Antlitzes, und mit einem einzigen Blick meines Auges
kann ich mehr genießen als Andre, mit ihren sämmtlichen Glied=
maßen, Zeit ihres Lebens. Jeder Augenblick ist mir ja eine
Unendlichkeit; ich messe nicht die Zeit mit der Brabanter, oder
mit der kleinen Hamburger Elle, und ich brauche mir von keinem
Priester ein zweites Leben versprechen zu lassen, da ich schon in
diesem Leben genug erleben kann, wenn ich rückwärts lebe, im
Leben der Vorfahren, und mir die Ewigkeit erobere im Reiche
der Vergangenheit.

Und ich lebe! Der große Pulsschlag der Natur bebt auch
in meiner Brust, und wenn ich jauchze, antwortet mir ein tau=
sendfältiges Echo. Ich höre tausend Nachtigallen. Der Früh=

ling hat sie gesendet, die Erde aus ihrem Morgenschlummer zu
wecken, und die Erde schauert vor Entzücken, ihre Blumen sind
die Hymnen, die sie in Begeisterung der Sonne entgegensingt —
die Sonne bewegt sich viel zu langsam, ich möchte ihre Feuer=
rosse peitschen, damit sie schneller dahinjagen. — Aber wenn sie
zischend in's Meer hinabsinkt und die große Nacht heraufsteigt,
mit ihrem großen sehnsüchtigen Auge, o! dann durchlebt mich
erst recht die rechte Lust, wie schmeichelnde Mädchen legen sich
die Abendlüfte an mein brausendes Herz, und die Sterne winken,
und ich erhebe mich, und schwebe über der kleinen Erde und den
kleinen Gedanken der Menschen.

Viertes Kapitel.

Aber einst wird kommen der Tag, und die Gluth in meinen
Adern ist erloschen, in meiner Brust wohnt der Winter, seine
weißen Flocken umflattern spärlich mein Haupt und seine Nebel
verschleiern mein Auge.   In verwitterten Gräbern liegen meine
Freunde, ich allein bin zurückgeblieben, wie ein einsamer Halm,
den der Schnitter vergessen, ein neues Geschlecht ist hervorge=
blüht mit neuen Wünschen und neuen Gedanken, voller Ver=
wunderung höre ich neue Namen und neue Lieder, die alten Na=
men sind verschollen, und ich selbst bin verschollen, vielleicht noch
von Wenigen geehrt, von Vielen verhöhnt, und von Niemanden
geliebt!   Und es springen heran zu mir die rosenwangigen
Knaben, und drücken mir die alte Harfe in die zitternde Hand,
und sprechen lachend: du hast schon lange geschwiegen, du fauler
Graukopf, sing' uns wieder Gesänge von den Träumen deiner
Jugend.

Dann ergreife ich die Harfe, und die alten Freuden und
Schmerzen erwachen, die Nebel zerrinnen, Thränen blühen
wieder aus meinen todten Augen, es frühlingt wieder in meiner
Brust, süße Töne der Wehmuth beben in den Saiten der Harfe,

ich sehe wieder den blauen Fluß und die marmornen Paläste, und die schönen Frauen= und Mädchengesichter — und ich singe ein Lied von den Blumen der Brenta.

Es wird mein letztes Lied sein, die Sterne werden mich an= blicken wie in den Nächten meiner Jugend, das verliebte Mond= licht küßt wieder meine Wangen, die Geisterchöre verstorbener Nachtigallen flöten aus der Ferne, schlaftrunken schließen sich meine Augen, meine Seele verhallt wie die Töne meiner Harfe — es duften die Blumen der Brenta.

Ein Baum wird meinen Grabstein beschatten. Ich hätte gern eine Palme, aber diese gedeiht nicht im Norden. Es wird wohl eine Linde sein, und Sommerabends werden dort die Lie= benden sitzen und kosen; der Zeisig, der sich lauschend in den Zweigen wiegt, ist verschwiegen, und meine Linde rauscht trau= lich über den Häuptern der Glücklichen, die so glücklich sind, daß sie nicht einmal Zeit haben zu lesen, was auf dem weißen Leichensteine geschrieben steht. Wenn aber späterhin der Lie= bende sein Mädchen verloren hat, dann kommt er wieder zu der wohlbekannten Linde, und seufzt und weint, und betrachtet den Leichenstein, lang und oft und liest darauf die Inschrift: — Er liebte die Blumen der Brenta.

Fünftes Kapitel.

Madame! ich habe Sie belogen. Ich bin nicht der Graf vom Ganges. Niemals im Leben sah ich den heiligen Strom, niemals die Lotosblumen, die sich in seinen frommen Wellen bespiegeln. Niemals lag ich träumend unter indischen Palmen, niemals lag ich betend vor dem Diamantengott zu Jagernaut, durch den mir doch leicht geholfen wäre. Ich war eben so wenig jemals in Kalkutta wie der Kalkuttenbraten, den ich gestern Mittag gegessen. Aber ich stamme aus Hindostan, und daher fühl' ich mich so wohl in den breiten Sangeswäldern Valmiki's,

die Heldenleiden des göttlichen Ramo bewegen mein Herz wie
ein bekanntes Weh, aus den Blumenliedern Kalidasas blüh'n
mir hervor die süßesten Erinnerungen, und als vor einigen
Jahren eine gütige Dame in Berlin mir die hübschen Bilder
zeigte, die ihr Vater, der lange Zeit Gouverneur in Indien
war, von dort mitgebracht, schienen mir die zartgemalten, heilig=
stillen Gesichter so wohlbekannt, und es war mir, als beschaute
ich meine eigene Familiengallerie.

Franz Bopp — Madame, Sie haben gewiß seinen Nalus
und sein Conjugazionssystem des Sanskrit gelesen — gab mir
manche Auskunft über meine Ahnherren, und ich weiß jetzt ge=
nau, daß ich aus dem Haupte Bramah's entsprossen bin, und
nicht aus seinen Hühneraugen; ich vermuthe sogar, daß der
ganze Mahabarata mit seinen 200,000 Versen bloß ein allego=
rischer Liebesbrief ist, den mein Urahnherr an meine Urälter=
mutter geschrieben. — O! sie liebten sich sehr, ihre Seelen
küßten sich, sie küßten sich mit den Augen, sie waren beide nur
ein einziger Kuß —

Eine verzauberte Nachtigall sitzt auf einem rothen Korallen=
baum im stillen Ocean, und singt ein Lied von der Liebe meiner
Ahnen, neugierig blicken die Perlen aus ihren Muschelzellen, die
wunderbaren Wasserblumen schauern vor Wehmuth, die klugen
Meerschnecken, mit ihren bunten Porzellanthürmchen auf dem
Rücken, kommen herangekrochen, die Seerosen erröthen verschämt,
die gelben, spitzigen Meersterne und die tausendfarbigen gläsernen
Quabben regen und recken sich, und alles wimmelt und lauscht. —

Doch, Madame, dieses Nachtigallenlied ist viel zu groß, um
es hierherzusetzen, es ist so groß, wie die Welt selbst, schon die
Dedicazion an Anangas, den Gott der Liebe, ist so lang wie
sämmtliche Walter=Scott'sche Romane, und darauf bezieht sich
eine Stelle im Aristophanes, welche zu deutsch heiß:

>„Tiotio, tiotio, tiotinx,
>„Totototo, totototo, tototinx.“
>
> (Vossische Ueberf.)

Nein ich bin nicht geboren in Indien; das Licht der Welt er=
blickte ich an den Ufern jenes schönen Stromes, wo auf grünen
Bergen die Thorheit wächst und im Herbste gepflückt, gekeltert,
in Fässer gegossen und in's Ausland geschickt wird. — Wahr=
haftig, gestern hörte ich Jemanden eine Thorheit sprechen, die
Anno 1811 in einer Weintraube gesessen, welche ich damals
selbst auf dem Johannisberge wachsen sah. — Viel Thorheit
wird aber auch im Lande selbst consumirt, und die Menschen
dort sind wie überall: — sie werden geboren, essen, trinken,
schlafen, lachen, weinen, verläumden, sind ängstlich besorgt um
die Fortpflanzung ihrer Gattung, suchen zu scheinen, was sie
nicht sind, und zu thun, was sie nicht können, lassen sich nicht
eher rasiren, als bis sie einen Bart haben, und haben oft einen
Bart, ehe sie verständig sind, und wenn sie verständig sind, be=
rauschen sie sich wieder mit weißer und rother Thorheit.

Mon dieu! wenn ich doch so viel Glauben in mir hätte,
daß ich Berge versetzen könnte — der Johannisberg wäre just
derjenige Berg, den ich mir überall nachkommen ließe. Aber
da mein Glaube nicht so stark ist, muß mir die Phantasie helfen
und sie versetzt mich schnell nach dem schönen Rhein.

O, da ist ein schönes Land, voll Lieblichkeit und Sonnen=
schein. Im blauen Strome spiegeln sich die Bergesufer mit ihren
Burgruinen und Waldungen und alterthümlichen Städten. —
Dort vor der Hausthür' sitzen die Bürgersleute des Sommer=
abends, und trinken aus großen Kannen, und schwatzen vertrau=
lich; wie der Wein, Gottlob! gedeiht, und wie die Gerichte
durchaus öffentlich sein müssen, und wie die Maria Antoinette
so mir nichts dir nichts guillotinirt worden, und wie die Tabaks=
regie den Tabak vertheuert, und wie alle Menschen gleich sind, .
und wie der Görres ein Hauptkerl ist.

Ich habe mich nie um dergleichen Gespräche bekümmert, und
saß lieber bei den Mädchen am gewölbten Fenster, und lachte
über ihr Lachen, und ließ mich mit Blumen in's Gesicht schla=
gen, und stellte mich böse, bis sie mir ihre Geheimnisse oder

irgend eine andere wichtige Geschichte erzählten. Die schöne
Gertrud war bis zum Tollwerden vergnügt, wenn ich mich zu
ihr setzte; es war ein Mädchen wie eine flammende Rose, und
als sie mir einst um den Hals fiel, glaubte ich, sie würde ver=
brennen und verduften in meinen Armen. Die schöne Katharine
zerfloß in klingender Sanftmuth, wenn sie mit mir sprach, und
ihre Augen waren von einem so reinen innigen Blau, wie ich
es noch nie bei Menschen und Thieren, und nur selten bei Blu=
men gefunden; man sah gern hinein und konnte sich so recht viel
Süßes dabei denken. Aber die schöne Hedwig liebte mich;
denn wenn ich zu ihr trat, beugte sie das Haupt zur Erde, so
daß die schwarzen Locken über das erröthende Gesicht herab=
fielen, und die glänzenden Augen wie Sterne aus dunklem
Himmel hervorleuchteten. Ihre verschämten Lippen sprachen
kein Wort, und auch ich konnte ihr nichts sagen. Ich hustete
und sie zitterte. Sie ließ mich manchmal durch ihre Schwester
bitten, nicht so rasch die Felsen zu besteigen, und nicht im Rheine
zu baden, wenn ich mich heiß gelaufen oder getrunken. Ich be=
horchte mal ihr andächtiges Gebet vor dem Marienbildchen,
das mit Goldflittern geziert und von einem brennenden Lämp=
chen umflittert, in einer Nische der Hausflur stand; ich hörte
deutlich, wie sie die Muttergottes bat: Ihm das Klettern, Trin=
ken und Baden zu verbieten. Ich hätte mich gewiß in das
schöne Mädchen verliebt, wenn sie gleichgültig gegen mich ge=
wesen wäre; und ich war gleichgültig gegen sie, weil ich wußte,
daß sie mich liebte. — Madame, wenn man von mir geliebt
sein will, muß man mich en canaille behandeln.

Die schöne Johanna war die Base der drei Schwestern, und
ich setzte mich gern zu ihr. Sie wußte die schönsten Sagen,
und wenn sie mit der weißen Hand zum Fenster hinauszeigte
nach den Bergen, wo alles passirt war, was sie erzählte, so
wurde mir ordentlich verzaubert zu Muthe, die alten Ritter
stiegen sichtbar aus den Burgruinen und zerhackten sich die
eisernen Kleider, die Lore=Ley stand wieder auf der Berges=

spitze und sang hinab ihr süß verderbliches Lied, und der Rhein
rauschte so vernünftig, beruhigend und doch zugleich neckend
schauerlich — und die schöne Johanna sah mich an so seltsam,
so heimlich, so räthselhaft traulich, als gehörte sie selbst zu den
Mährchen, wovon sie eben erzählte. Sie war ein schlankes,
blasses Mädchen, sie war todtkrank und sinnend, ihre Augen
waren klar wie die Wahrheit selbst, ihre Lippen fromm gewölbt,
in den Zügen ihres Antlitzes lag eine große Geschichte, aber es
war eine heilige Geschichte — Etwa eine Liebes-Legende? Ich
weiß nicht, und ich hatte auch nie den Muth, sie zu fragen.
Wenn ich sie lange ansah, wurde ich ruhig und heiter, es ward
mir, als sei stiller Sonntag in meinem Herzen und die Engel
darin hielten Gottesdienst.

In solchen guten Stunden erzählte ich ihr Geschichten aus
meiner Kindheit, und sie hörte immer ernsthaft zu, und seltsam!
wenn ich mich nicht mehr auf die Namen besinnen konnte, so erinnerte sie mich daran. Wenn ich sie alsdann mit Verwunderung fragte: woher sie die Namen wisse? so gab sie lächelnd
zur Antwort, sie habe sie von den Böglein erfahren, die an den
Fliesen ihres Fensters nisteten — und sie wollte mich gar glauben machen, dieses seien die nämlichen Vögel, die ich einst als
Knabe mit meinem Taschengelde den hartherzigen Bauernjungen
abgekauft habe, und dann frei fortfliegen lassen. Ich glaube
aber, sie wußte alles, weil sie so blaß war und wirklich bald
starb. Sie wußte auch, wann sie sterben würde, und wünschte,
daß ich Andernach den Tag vorher verlassen möchte. Beim
Abschied gab sie mir beide Hände — es waren weiße, süße
Hände, und rein wie eine Hostie — und sie sprach: du bist
sehr gut, und wenn du böse wirst, so denke wieder an die kleine,
todte Veronika.

Haben ihr die geschwätzigen Vögel auch diesen Namen verrathen? Ich hatte mir in erinnerungssüchtigen Stunden so oft
den Kopf zerbrochen und konnte mich nicht mehr auf den lieben
Namen erinnern.

Jetzt, da ich ihn wieder habe, will mir auch die früheste Kind=
heit wieder im Gedächtnisse hervorblühen, und ich bin wieder ein
Kind und spiele mit andern Kindern auf dem Schloßplatze zu
Düsseldorf am Rhein.

Sechstes Kapitel.

Ja, Madame, dort bin ich geboren, und ich bemerke dieses
ausdrücklich für den Fall, daß etwa, nach meinem Tode, sieben
Städte — Schilda, Krähwinkel, Polkwitz, Beckum, Dülken,
Göttingen und Schöppenstädt — sich um die Ehre streiten,
meine Vaterstadt zu sein. Düsseldorf ist eine Stadt am Rhein,
es leben da sechszehntausend Menschen, und viele hunderttau=
send Menschen liegen noch außerdem da begraben. Und darunter
sind manche, von denen meine Mutter sagt, es wäre besser sie
lebten noch, z. B. mein Großvater und mein Oheim, der alte
Herr v. Geldern und der junge Herr v. Geldern, die beide so
berühmte Doctoren waren, und so viele Menschen vom Tode
curirt, und doch selber sterben mußten. Und die fromme Ur=
sula, die mich als Kind auf den Armen getragen, liegt auch dort
begraben, und es wächst ein Rosenstrauch auf ihrem Grab —
Rosenduft liebte sie so sehr im Leben und ihr Herz war lauter
Rosenduft und Güte. Auch der alte kluge Kanonikus liegt dort
begraben. Gott, wie elend sah er aus, als ich ihn zuletzt sah!
Er bestand nur noch aus Geist und Pflastern, und studirte den=
noch Tag und Nacht, als wenn er besorgte, die Würmer möchten
einige Ideen zu wenig in seinem Kopfe finden. Auch der kleine
Wilhelm liegt dort, und daran bin ich schuld. Wir waren
Schulkameraden im Franziskanerkloster und spielten auf jener
Seite desselben, wo zwischen steinernen Mauern die Düssel fließt,
und ich sagte: „Wilhelm, hol' doch das Kätzchen, das eben hin=
eingefallen" — und lustig stieg er hinab auf das Brett, das
über dem Bach lag, riß das Kätzchen aus dem Wasser, fiel

aber selbst hinein und als man ihn herauszog, war er naß und
todt. Das Kätzchen hat noch lange Zeit gelebt.

Die Stadt Düsseldorf ist sehr schön, und wenn man in der
Ferne an sie denkt, und zufällig dort geboren ist, wird einem
wunderlich zu Muthe. Ich bin dort geboren, und es ist mir,
als müßte ich gleich nach Hause gehn. Und wenn ich sage,
nach Hause gehn, so meine ich die Bolkerstraße und das Haus,
worin ich geboren bin. Dieses Haus wird einst sehr merkwür=
dig sein, und der alten Frau, die es besitzt, habe ich sagen lassen,
daß sie bei Leibe das Haus nicht verkaufen solle. Für das
ganze Haus bekäme sie jetzt doch kaum so viel, wie schon allein
das Trinkgeld betragen wird, das einst die grünverschleierten
vornehmen Engländerinnen dem Dienstmädchen geben, wenn es
ihnen die Stube zeigt, worin ich das Licht der Welt erblickt, und
den Hühnerwinkel, worin mich Vater gewöhnlich einsperrte,
wenn ich Trauben genascht, und auch die braune Thüre, worauf
Mutter mich die Buchstaben mit Kreide schreiben lehrte — ach
Gott! Madame, wenn ich ein berühmter Schriftsteller werde,
so hat das meiner Mutter genug Mühe gekostet.

Aber mein Ruhm schläft jetzt noch in den Marmorbrüchen
von Carrara, der Makulatur=Lorbeer, womit man meine Stirne
geschmückt, hat seinen Duft noch nicht durch die ganze Welt ver=
breitet, und wenn jetzt die grünverschleierten, vornehmen Eng=
länderinnen nach Düsseldorf kommen, so lassen sie das berühmte
Haus noch unbesichtigt und gehen direct nach dem Marktplatz,
und betrachten die dort in der Mitte stehende, schwarze kolossale
Reuterstatue. Diese soll den Kurfürsten Jan Wilhelm vor=
stellen. Er trägt einen schwarzen Harnisch, eine tiefherabhän=
gende Alongeperrücke. — Als Knabe hörte ich die Sage, der
Künstler, der diese Statue gegossen, habe während des Gießens
mit Schrecken bemerkt, daß sein Metall nicht dazu ausreiche,
und da wären die Bürger der Stadt herbeigelaufen, und hätten
ihm ihre silbernen Löffel gebracht, um den Guß zu vollenden —
und nun stand ich stundenlang vor dem Reuterbilde, und zer=

brach mir den Kopf: wie viel silberne Löffel wohl darin stecken mögen, und wie viel Apfeltörtchen man wohl für all das Silber bekommen könnte? Apfeltörtchen waren damals meine Passion — jetzt ist es Liebe, Wahrheit, Freiheit und Krebssuppe — und eben unweit des Kurfürstenbildes, an der Theaterecke, stand ge= wöhnlich der wunderlich gebackene säbelbeinige Kerl, mit der weißen Schürze und dem umgehängten Korbe voll lieblich dampfender Apfeltörtchen, die er mit einer unwiderstehlichen Diskantstimme anzupreisen wußte: „Die Apfeltörtchen sind ganz frisch, eben aus dem Ofen, riechen so delikat." — Wahr= lich, wenn in meinen späteren Jahren der Versucher mir bei= kommen wollte, so sprach er mit solcher lockenden Diskantstimme, und bei Signora Giulietta wäre ich keine volle zwölf Stunden geblieben, wenn sie nicht den süßen duftenden Apfeltörtchenton angeschlagen hätte. Und wahrlich, nie würden Apfeltörtchen mich so sehr angereizt haben, hätte der krumme Hermann sie nicht so geheimnißvoll mit seiner weißen Schürze bedeckt — und die Schürzen sind es, welche — doch sie bringen mich aus dem Context, ich sprach ja von der Reuterstatue, die so viel silberne Löffel im Leibe hat, und keine Suppe, und den Kurfürsten Jan Wilhelm darstellt.

Er soll ein braver Herr gewesen sein, und sehr kunstliebend, und selbst sehr geschickt. Er stiftete die Gemäldegallerie in Düsseldorf, und auf dem dortigen Observatorium zeigt man noch einen überaus künstlichen Einschachtelungsbecher von Holz, den er selbst in seinen Freistunden — er hatte deren täglich vier und zwanzig — geschnitzelt hat.

Damals waren die Fürsten noch keine geplagte Leute wie jetzt, und die Krone war ihnen am Kopfe festgewachsen, und des Nachts zogen sie noch eine Schlafmütze darüber, und schliefen ruhig, und ruhig zu ihren Füßen schliefen die Völker, und wenn diese des Morgens erwachten, so sagten sie: „guten Morgen, Vater!" — und jene antworteten: „guten Morgen, liebe Kinder!"

Aber es wurde plötzlich anders; als wir eines Morgens zu
Düsseldorf erwachten, und „guten Morgen, Vater!" sagen
wollten, da war der Vater abgereist, und in der ganzen Stadt
war nichts als stumpfe Beklemmung, es war überall eine Art
Begräbnißstimmung, und die Leute schlichen schweigend nach
dem Markte, und lasen den langen papiernen Anschlag auf der
Thür des Rathhauses. Es war ein trübes Wetter, und der
dünne Schneider Kilian stand dennoch in seiner Nanquinjacke,
die er sonst nur im Hause trug, und die blauwollnen Strümpfe
hingen ihm herab, daß die nackten Beinchen betrübt hervorguck=
ten, und seine schmalen Lippen bebten, während er das ange=
schlagene Placat vor sich hinmurmelte. Ein alter pfälzischer
Invalide las etwas lauter und bei manchem Worte träufelte
ihm eine klare Thräne in den weißen, ehrlichen Schnauzbart.
Ich stand neben ihm und weinte mit, und frug ihn: warum
wir weinten? Und da antwortete er: „der Kurfürst läßt sich
bedanken." Und dann las er wieder, und bei den Worten „für
die bewährte Unterthanstreue", „und entbinden Euch Eurer
Pflichten" da weinte er noch stärker. — Es ist wunderlich an=
zusehn, wenn so ein alter Mann, mit verblichener Uniform und
vernarbtem Soldatengesicht, plötzlich so stark weint. Während
wir lasen, wurde auch das kurfürstliche Wappen vom Rath=
hause heruntergenommen, alles gestaltete sich so beängstigend
öde, es war, als ob man eine Sonnenfinsterniß erwarte, die
Herren Rathsherren gingen so abgedankt und langsam umher,
sogar der allgewaltige Gassenvogt sah aus, als wenn er nichts
mehr zu befehlen hätte, und stand da so friedlich=gleichgültig,
obgleich der tolle Alouisius sich wieder auf ein Bein stellte und
mit närrischer Grimasse die Namen der französischen Generale
herschnatterte, während der besoffene, krumme Gumpertz sich in
der Gosse herumwälzte und ça ira, ça ira! sang. .

Ich aber ging nach Hause, und weinte und klagte: „der Kur=
fürst läßt sich bedanken." Meine Mutter hatte ihre liebe Noth,
ich wußte was ich wußte, ich ließ mir nichts ausreden, ich ging

weinend zu Bette, und in der Nacht träumte mir: die Welt
habe ein Ende — die schönen Blumengärten und grünen Wiesen
wurden wie Teppiche vom Boden aufgenommen und zusammen-
gerollt, der Gassenvogt stieg auf eine hohe Leiter und nahm die
Sonne vom Himmel herab, der Schneider Kilian stand dabei
und sprach zu sich selber: „ich muß nach Hause gehn und mich
hübsch anziehn, denn ich bin todt, und soll noch heute begraben
werden" — und es wurde immer dunkler, spärlich schimmerten
oben einige Sterne und auch diese fielen herab wie gelbe Blätter
im Herbste, allmählich verschwanden die Menschen, ich armes
Kind irrte ängstlich umher, stand endlich vor der Weidenhecke
eines wüsten Bauernhofes und sah dort einen Mann, der mit
dem Spaten die Erde aufwühlte, und neben ihm ein häßlich
hämisches Weib, das etwas wie einen abgeschnittenen Men-
schenkopf in der Schürze hielt, und das war der Mond, und sie
legte ihn ängstlich sorgsam in die offne Grube — und hinter
mir stand der pfälzische Invalide und schluchzte und buchsta-
birte: „der Kurfürst läßt sich bedanken."

Als ich erwachte, schien die Sonne wieder wie gewöhnlich
durch das Fenster, auf der Straße ging die Trommel, als ich
in unsere Wohnstube trat und meinem Vater, der im weißen
Pudermantel saß, einen guten Morgen bot, hörte ich, wie der
leichtfüßige Friseur ihm während des Frisirens haarklein erzählte: daß heute auf dem Rathhause dem neuen Großherzog
Joachim gehuldigt werde, und daß dieser von der besten Familie
sei, und die Schwester des Kaisers Napoleon zur Frau bekommen, und auch wirklich viel Anstand besitze, und sein schönes
schwarzes Haar in Locken trage, und nächstens seinen Einzug
halten und sicher allen Frauenzimmern gefallen müsse. Unterdessen ging das Getrommel auf der Straße immer fort, und ich
trat vor die Hausthür und besah die einmarschirenden französischen Truppen, das freudige Volk des Ruhmes, das singend
und klingend die Welt durchzog, die heiter-ernsten Grenadier-
gesichter, die Bärenmützen, die dreifarbigen Kokarden, die blin-

kenden Bajonette, die Voltigeurs voll Lustigkeit und Point
d'honneur, und den allmächtig großen, silbergestickten Tambour=
Major, der seinen Stock mit dem vergoldeten Knopf bis an die
erste Etage werfen konnte und seine Augen sogar bis zur zweiten
Etage, wo ebenfalls schöne Mädchen am Fenster saßen. Ich
freute mich, daß wir Einquartierung bekämen — meine Mutter
freute sich nicht — und ich eilte nach dem Marktplatz. Da sah
es jetzt ganz anders aus, es war, als ob die Welt neu ange=
strichen worden, ein neues Wappen hing am Rathhause, das
Eisengeländer an dessen Balcon war mit gestickten Sammet=
decken überhängt, französische Grenadiere standen Schildwache,
die alten Herren Rathsherren hatten neue Gesichter angezogen
und trugen ihre Sonntagsröcke, und sahen sich an auf fran=
zösisch und sprachen von jour, aus allen Fenstern guckten
Damen, neugierige Bürgersleute und blanke Soldaten füllten
den Platz, und ich nebst andern Knaben, wir kletterten auf das
große Kurfürstenpferd und schauten von dort herab auf das
bunte Marktgewimmel.

Nachbars Pitter und der lange Kurz hätten bei dieser Ge=
legenheit beinah' den Hals gebrochen und das wäre gut gewesen;
denn der Eine entlief nachher seinen Eltern, ging unter die Sol=
daten, desertirte, und wurde in Mainz todtgeschossen, der Andere
aber machte späterhin geographische Untersuchungen in fremden
Taschen, wurde deshalb wirkendes Mitglied einer öffentlichen
Spinnanstalt, zerriß die eisernen Bande, die ihn an diese und
an das Vaterland fesselten, kam glücklich über das Wasser, und
starb in London durch eine allzuenge Cravatte, die sich von selbst
zuzogen, als ihm ein königlicher Beamter das Brett unter den
Beinen wegriß.

Der lange Kurz sagte uns, daß heute keine Schule sei, wegen
der Huldigung. Wir mußten lange warten, bis diese losge=
lassen wurde. Endlich füllte sich der Balcon des Rathhauses
mit bunten Herren, Fahnen und Trompeten, und der Herr
Bürgermeister, in seinem berühmten rothen Rock hielt eine Rede,

die sich etwas in die Länge zog, wie Gummi-Elasticum, oder wie eine gestrickte Schlafmütze, in die man einen Stein gewor= fen — nur nicht den Stein der Weisen — und manche Redens= arten konnte ich ganz deutlich vernehmen, z. B. daß man uns glücklich machen wolle — und beim letzten Worte wurden die Trompeten geblasen, und die Fahnen geschwenkt, und die Trom= mel gerührt, und Vivat gerufen — und während ich selber Vivat rief, hielt ich mich fest an den alten Kurfürsten. Und das that Noth, denn mir wurde ordentlich schwindlich, ich glaubte schon, die Leute ständen auf den Köpfen, weil sich die Welt herumgedreht, das Kurfürstenhaupt mit der Alongeperrücke nickte und flüsterte: „halt fest an mir!" — und erst durch das Ka= noniren, das jetzt auf dem Walle losging, ernüchterte ich mich, und stieg vom Kurfürstenpferde langsam wieder herab.

Als ich nach Hause ging, sah ich wieder, wie der tolle Aloui= sius auf einem Beine tanzte, während er die Namen der fran= zösischen Generale schnarrte, und wie sich der krumme Gumpertz besoffen in der Gosse herumwälzte und ça ira, ça ira brüllte und zu meiner Mutter sagte ich: man will uns glücklich machen und deshalb ist heute keine Schule.

Siebentes Kapitel.

Den andern Tag war die Welt wieder ganz in Ordnung und es war wieder Schule nach wie vor, und es wurde wieder aus= wendig gelernt nach wie vor — die römischen Könige, die Jahres= zahlen, die nomina auf im, die verba irregularia, Griechisch, Hebräisch, Geographie, deutsche Sprache, Kopfrechnen, — Gott! der Kopf schwindelt mir noch davon — alles mußte auswendig gelernt werden. Und manches davon kam mir in der Folge zu statten. Denn hätte ich nicht die römischen Könige auswendig gewußt, so wäre es mir ja späterhin ganz gleichgültig gewesen, ob Niebuhr bewiesen oder nicht bewiesen hat, daß sie niemals

wirklich existirt haben. Und wußte ich nicht jene Jahreszahlen,
wie hätte ich mich späterhin zurecht finden wollen in dem großen
Berlin, wo ein Haus dem andern gleicht, wie ein Tropfen
Wasser oder wie ein Grenadier dem andern, und wo man seine
Bekannten nicht zu finden vermag, wenn man nicht ihre Haus=
nummer im Kopfe hat; ich dachte mir damals bei jedem Be=
kannten zugleich eine historische Begebenheit, deren Jahreszahl
mit seiner Hausnummer übereinstimmte, so daß ich mich dieser
leicht erinnern konnte, wenn ich jener gedachte, und daher kam
mir auch immer eine historische Begebenheit in den Sinn, so=
bald ich einen Bekannten erblickte. So z. B. wenn mir mein
Schneider begegnete, dachte ich gleich an die Schlacht bei Mara=
thon, begegnete mir der wohlgeputzte Banquier Christian Gum=
pel, so dachte ich gleich an die Zerstörung Jerusalems, erblickte
ich einen starkverschuldeten portugiesischen Freund, so dachte ich
gleich an die Flucht Mahomet's, sah ich den Universitätsrichter,
einen Mann, dessen strenge Rechtlichkeit bekannt ist, so dachte ich
gleich an den Tod Haman's, sobald ich Wadzeck sah, dachte ich
gleich an die Cleopatra. — Ach, lieber Himmel, das arme Vieh
ist jetzt todt, die Thränensäckchen sind vertrocknet, und man kann
mit Hamlet sagen: nehmt Alles in Allem, es war ein altes
Weib, wir werden noch oft seines Gleichen haben! Wie gesagt,
die Jahreszahlen sind durchaus nöthig, ich kenne Menschen, die
gar nichts als ein paar Jahreszahlen im Kopfe hatten, und da=
mit in Berlin die rechten Häuser zu finden wußten, und jetzt
schon ordentliche Professoren sind. Ich aber hatte in der Schule
meine Noth mit den vielen Zahlen! mit dem eigentlichen
Rechnen ging es noch schlechter. Am besten begriff ich das
Subtrahiren, und da giebt es eine sehr practische Hauptregel:
„Vier von drei geht nicht, da muß ich Eins borgen" — ich rathe
aber jedem, in solchen Fällen immer einige Groschen mehr zu
borgen; — denn man kann nicht wissen.

Was aber das Lateinische betrifft, so haben Sie gar keine
Idee davon, Madame, wie das verwickelt ist. Den Römern

würde gewiß nicht Zeit genug übrig geblieben sein, die Welt zu erobern, wenn sie das Latein erst hätten lernen sollen. Diese glücklichen Leute wußten schon in der Wiege, welche Nomina den Accusativ auf im haben. Ich hingegen mußte sie im Schweiße meines Angesichts auswendig lernen; aber es ist doch immer gut, daß ich sie weiß. Denn hätte ich z. B. den 20sten Juli 1825, als ich öffentlich in der Aula zu Göttingen lateinisch disputirte — Madame, es war der Mühe werth zuzuhören — hätte ich da sinapem statt sinapim gesagt, so würden es vielleicht die anwesenden Füchse gemerkt haben, und das wäre für mich eine ewige Schande gewesen. Vis, buris, sitis, tussis, cucumis, amussis, cannabis, sinapis. — Diese Wörter, die so viel Aufsehen in der Welt gemacht haben, bewirken dieses, indem sie sich zu einer bestimmten Classe schlugen und dennoch eine Ausnahme blieben; deshalb achte ich sie sehr, und daß ich sie bei der Hand habe, wenn ich sie etwa plötzlich brauchen sollte, das giebt mir in manchen trüben Stunden des Lebens viel innere Beruhigung und Trost. Aber, Madame, die verba irregularia — sie unterscheiden sich von den verbis regularibus dadurch, daß man bei ihnen noch mehr Prügel bekömmt — sie sind gar entsetzlich schwer. In den dumpfen Bogengängen des Franziskanerklosters, unfern der Schulstube, hing damals ein großer, gekreuzigter Christus von grauem Holze, ein wüstes Bild, das noch jetzt zuweilen des Nachts durch meine Träume schreitet, und mich traurig ansieht mit starren, blutigen Augen — vor diesem Bilde stand ich oft und betete: O du armer, ebenfalls gequälter Gott, wenn es dir nur irgend möglich ist, so sieh doch zu, daß ich die verba irregularia im Kopfe behalte.

Vom Griechischen will ich gar nicht sprechen; ich ärgere mich sonst zu viel. Die Mönche im Mittelalter hatten so ganz Unrecht nicht, wenn sie behaupteten, daß das Griechische eine Erfindung des Teufels sei. Gott kennt die Leiden, die ich dabei ausgestanden. Mit dem Hebräischen ging es besser, denn ich hatte immer eine große Vorliebe für die Juden, obgleich sie, bis

auf diese Stunde, meinen guten Namen kreuzigen; aber ich
konnte es doch im Hebräischen nicht so weit bringen wie meine
Taschenuhr, die viel intimen Umgang mit Pfänderverleihern
hatte, und dadurch manche jüdische Sitte annahm — z. B. des
Sonnabends ging sie nicht — und die heilige Sprache lernte,
und sie auch späterhin grammatisch trieb; wie ich denn oft in
schlaflosen Nächten mit Erstaunen hörte, daß sie beständig vor
sich hin pickerte: katal, katalta, katalti — kittel, kittalta, kit=
talti — — pokat, pokadeti — pikat — pik — pik. — —

Indessen von der deutschen Sprache begriff ich viel mehr,
und die ist doch nicht so gar kinderleicht. Denn wir armen
Deutschen, die wir schon mit Einquartierungen, Militärpflich=
ten, Kopfsteuern und tausenderlei Abgaben genug geplagt sind,
wir haben uns noch obendrein den Adelung aufgesackt und
quälen uns einander mit dem Accusativ und Dativ. Viel
deutsche Sprache lernte ich von dem alten Rektor Schallmeyer,
einem braven geistlichen Herrn, der sich meiner von kindauf an=
nahm. Aber ich lernte auch etwas der Art von dem Professor
Schramm, einem Manne, der ein Buch über den ewigen Frie=
den geschrieben hat, und in dessen Classe sich meine Mitbuben
am meisten rauften.

Während ich in einem Zuge fortschrieb und allerlei dabei
dachte, habe ich mich unversehens in die alten Schulgeschichten
hineingeschwatzt, und ich ergreife diese Gelegenheit, um Ihnen
zu zeigen, Madame, wie es nicht meine Schuld war, wenn ich
von der Geographie so wenig lernte, daß ich mich späterhin nicht
in der Welt zurecht zu finden wußte. Damals hatten nämlich
die Franzosen alle Grenzen verrückt, alle Tage wurden die Län=
der neu illuminirt, die sonst blau gewesen, wurden jetzt plötzlich
grün, manche wurden sogar blutroth, die bestimmten Lehrbuch=
seelen wurden so sehr vertauscht und vermischt, daß kein Teufel
sie mehr erkennen konnte, die Landesprodukte änderten sich eben=
falls, Cichorien und Runkelrüben wuchsen jetzt, wo sonst nur
Hasen und hinterherlaufende Landjunker zu sehen waren, auch

die Charaktere der Völker änderten sich, die Deutschen wurden
gelenkig, die Franzosen machten keine Complimente mehr, die
Engländer warfen das Geld nicht mehr zum Fenster hinaus,
und die Venezianer waren nicht schlau genug, unter den Fürsten
gab es viel Avancement, die alten Könige bekamen neue Uniformen, neue Königthümer wurden gebacken und hatten Absatz wie
frische Semmel, manche Potentaten hingegen wurden von Haus
und Hof gejagt, und mußten auf andere Art ihr Brod zu ver-
dienen suchen, und einige legten sich daher früh auf ein Hand-
werk, und machten z. B. Siegellack oder — Madame, diese
Periode hat endlich ein Ende, der Athem wollte mir ausgehen —
kurz und gut, in solchen Zeiten kann man es in der Geographie
nicht weit bringen.

Da hat man es doch besser in der Naturgeschichte, da können
nicht so viele Veränderungen vorgehen, und da giebt es bestimmte
Kupferstiche von Affen, Känguruhs, Zebras, Nashornen u. s. w.
Weil mir solche Bilder im Gedächtnisse blieben, geschah es in
der Folge sehr oft, daß mir manche Menschen beim ersten Anblick gleich wie alte Bekannte vorkamen.

Auch in der Mythologie ging es gut. Ich hatte meine liebe
Freude an dem Göttergesindel, das so lustig nackt die Welt re-
gierte. Ich glaube nicht, daß jemals ein Schulknabe im alten
Rom die Hauptartikel des Katechismus, z. B. die Liebschaften
der Venus, besser auswendig gelernt hat, als ich. Aufrichtig
gestanden, da wir doch einmal die Götter auswendig lernen
mußten, so hätten wir sie auch behalten sollen, und wir haben
vielleicht nicht viel Vortheil bei unserer neurömischen Dreigötterei, oder gar bei unserem jüdischen Eingötzenthum. Vielleicht
war jene Mythologie im Grunde nicht so unmoralisch, wie man
sie verschrieen hat, es ist z. B. ein sehr anständiger Gedanke
des Homers, daß er jener vielgeliebten Venus einen Gemahl zur
Seite gab.

Am allerbesten aber erging es mir in der französischen Classe
des Abbé d'Aulnoi, eines emigrirten Franzosen, der eine Menge

Grammatiken geschrieben und eine rothe Perrücke trug, und so
pfiffig umhersprang, wenn er seine Art poétique und seine Histoire allemande vortrug. — Er war im ganzen Gymnasium der einzige, welcher deutsche Geschichte lehrte. Indessen auch das Französische hat seine Schwierigkeiten, und zur Erlernung desselben gehört viel Einquartierung, viel Getrommel, viel apprendre par cœur, und vor Allem darf man keine Bête allemande sein. Da gab es manches saure Wort, ich erinnere mich noch so gut, als wäre es gestern geschehen, daß ich durch la religion viel Unannehmlichkeiten erfahren. Wohl sechsmal ging an mich die Frage: Henry, wie heißt der Glaube auf französisch? Und sechsmal, und immer weinerlicher antwortete ich: er heißt le crédit. Und beim siebenten Male, kirschbraun im Gesichte, rief der wüthende Examinator: er heißt la réligion — und es regnete Prügel und alle Cameraden lachten. Madame! seit der Zeit kann ich das Wort réligion nicht erwähnen hören, ohne daß mein Rücken blaß vor Schrecken und meine Wange roth vor Scham wird. Und ehrlich gestanden, le crédit hat mir im Leben mehr genützt, als la réligion. — In diesem Augenblick fällt mir ein, daß ich dem Löwenwirth in Bologna noch fünf Thaler schuldig bin. Und wahrhaftig ich mache mich anheischig, dem Löwenwirth noch fünf Thaler extra schuldig zu sein, wenn ich nur das unglückselige Wort, la réligion, in diesem Leben nimmermehr zu hören brauche.

Parbleu, Madame! ich habe es im Französischen weit gebracht! Ich verstehe nicht nur Patois, sondern sogar adeliges Bonnenfranzösisch. Noch unlängst in einer noblen Gesellschaft verstand ich fast die Hälfte von dem Diskurs zweier deutschen Comtessen, wovon jede über vier und sechszig Jahr' und eben so viele Ahnen zählte. Ja, im Café-Royal hörte ich einmal den Monsieur Hans Michel Martens französisch parliren, und verstand jedes Wort, obschon kein Verstand darin war. Man muß den Geist der Sprache kennen, und diesen lernt man am besten durch Trommeln. Parbleu! wie viel verdanke ich nicht dem französischen Tambour, der so lange bei uns im Quartier lag, und wie ein Teufel aussah, und doch von Herzen so engelgut war, und so ganz vorzüglich trommelte.

Es war eine kleine, bewegliche Figur mit einem fürchterlichen, schwarzen Schnurrbarte, worunter sich die rothen Lippen trotzig hervorbäumten, während die feurigen Augen hin und her schossen.

Ich kleiner Junge hing an ihm wie eine Klette, und half ihm seine Knöpfe spiegelblank putzen und seine Weste mit Kreide weißen — denn Monsieur Le Grand wollte gerne gefallen — und ich folgte ihm auf die Wache, nach dem Appell, nach der Parade — da war nichts als Waffenglanz und Lustigkeit — les jours de fête sont passés! Monsieur Le Grand wußte nur wenig gebrochenes Deutsch, nur die Hauptausdrücke — Brod, Kuß, Ehre — doch konnte er sich auf der Trommel sehr gut verständlich machen, z. B. wenn ich nicht wußte, was das Wort "liberté" bedeute, so trommelte er den Marseiller Marsch — und ich verstand ihn. Wußte ich nicht die Bedeutung des Wortes "égalité", so trommelte er den Marsch "ça ira, ça ira — — — les aristocrats à la lanterne !" — und ich verstand ihn. Wußte ich nicht, was "bêtise" sei, so trommelte er den Dessauer Marsch, den wir Deutschen, wie auch Göthe berichtet, in der Champagne getrommelt — und ich verstand ihn. Er wollte mir mal das Wort "l'Allemagne" erklären, und er trommelte jene allzueinfache Urmelodie, die man oft an Markttagen bei tanzenden Hunden hört, nämlich Dum — Dum — Dum — ich ärgerte mich, aber ich verstand ihn doch.

Auf ähnliche Weise lehrte er mich auch die neuere Geschichte. Ich verstand zwar nicht die Worte, die er sprach, aber da er während des Sprechens beständig trommelte, so wußte ich doch, was er sagen wollte. Im Grunde ist das die beste Lehrmethode. Die Geschichte von der Bestürmung der Bastille, der Tuilerien u. s. w. begreift man erst recht, wenn man weiß, wie bei solchen Gelegenheiten getrommelt wurde. In unsern Schulcompendien liest man bloß: „Ihre Exc. die Barone und Grafen

und hochdero Gemahlinnen wurden geköpft — Ihre Aeltesten die
Herzöge und Prinzen und höchstdero Gemahlinnen wurden geköpft — Ihre Majestät der König und allerhöchstdero Gemahlin
wurden geköpft" — aber wenn man den rothen Guillotinenmarsch
trommeln hört, so begreift man dieses erst recht, und man erfährt
das Warum und das Wie.   Madame, das ist ein gar wun-
derlicher Marsch! Er durchschauerte mir Mark und Bein, als
ich ihn zuerst hörte, und ich war froh, daß ich ihn vergaß. —
Man vergißt so etwas, wenn man älter wird, ein junger Mann
hat jetzt so viel anderes Wissen im Kopf zu behalten — Whist,
Boston, genealogische Tabellen, Bundestagsbeschlüsse, Dramaturgie, Liturgie, Vorschneiden — und wirklich, trotz allem
Stirnreiben konnte ich mich lange Zeit nicht mehr auf jene gewaltige Melodie besinnen.   Aber denken Sie sich, Madame!
unlängst sitze ich an der Tafel mit einer ganzen Menagerie von
Grafen, Prinzen, Prinzessinnen, Kammerherren, Hofmarschallinnen, Hofschenken, Oberhofmeisterinnen, Hofsilberbewah-
rern, Hofjägermeisterinnen und wie diese vornehmen Domesti-
quen noch außerdem heißen mögen, und ihre Unterdomestiquen
liefen hinter ihren Stühlen und schoben ihnen die gefüllten Teller
vor's Maul — ich aber, der übergangen und übersehen wurde,
saß müssig, ohne die mindeste Kinnenbackenbeschäftigung, und
ich knetete Brodkügelchen, und trommelte vor Langeweile mit
den Fingern, und zu meinem Entsetzen trommelte ich plötzlich
den rothen, längstvergessenen Guillotinenmarsch.

„Und was geschah?" Madame, diese Leute lassen sich im
Essen nicht stören, und wissen nicht, daß andere Leute, wenn sie
nichts zu essen haben, plötzlich anfangen zu trommeln, und zwar
ganz kuriose Märsche, die man längst vergessen glaubte.

Ist nun das Trommeln ein angebornes Talent, oder hab' ich
es frühzeitig ausgebildet, genug, es liegt mir in den Gliedern,
in Händen und Füßen, und äußert sich oft unwillkürlich.   Zu
Berlin saß ich einst im Collegium des Geheimenraths Schmalz,
eines Mannes, der den Staat gerettet durch sein Buch über die

Schwarzmäntel= und Rothmäntelgefahr. — Sie erinnern sich,
Madame, aus dem Pausanias, daß einst durch das Geschrei
eines Esels ein eben so gefährliches Complot entdeckt wurde,
auch wissen Sie aus dem Livius, oder aus Beckers Weltge=
schichte, daß die Gänse das Capitol gerettet, und aus dem Sallust
wissen Sie ganz genau, daß durch eine geschwätzige Putaine,
die Frau Fulvia, jene fürchterliche Verschwörung des Catilina
an den Tag kam. — Doch um wieder auf besagten Hammel zu
kommen, im Collegium des Herrn Geheimraths Schmalz hörte
ich das Völkerrecht, und es war ein langweiliger Sommer=
nachmittag, und ich saß auf der Bank und hörte immer weni=
ger — der Kopf war mir eingeschlafen — doch plötzlich ward
ich aufgeweckt durch das Geräusch meiner eigenen Füße, die
wach geblieben waren, und wahrscheinlich zugehört hatten, daß
just das Gegentheil vom Völkerrecht vorgetragen und auf Con=
stitutionsgesinnung geschimpft wurde, und meine Füße, die mit
ihren kleinen Hühneraugen das Treiben der Welt besser durch=
schauen, als der Geheimrath mit seinen großen Juno=Augen,
diese armen, stummen Füße, unfähig, durch Worte ihre unmaß=
gebliche Meinung auszusprechen, wollten sich durch Trommeln
verständlich machen, und trommelten so stark, daß ich dadurch
schier in's Malheur kam.

Verdammte, unbesonnene Füße! sie spielten mir einen ähn=
lichen Streich, als ich einmal in Göttingen bei Professor Saal=
feld hospitirte, und dieser mit seiner steifen Beweglichkeit auf
dem Katheder hin und her sprang, und sich echauffirte, um auf
den Kaiser Napoleon recht ordentlich schimpfen zu können —
nein, arme Füße, ich kann es euch nicht verdenken, daß ihr da=
mals getrommelt, ja ich würde es euch nicht mal verdacht haben,
wenn ihr, in eurer stummen Naivetät, euch noch fußtrittlicher
ausgesprochen hättet. Wie darf ich, der Schüler Le Grand's,
den Kaiser schmähen hören? Den Kaiser! den Kaiser! den
großen Kaiser!

Denke ich an den großen Kaiser, so wird es in meinem Ge=

dächtnisse wieder recht sommergrün und goldig, eine lange Lin=
denallee taucht blühend empor, auf den laubigen Zweigen sitzen
singende Nachtigallen, der Wasserfall rauscht, auf runden Beeten
stehen Blumen und bewegen traumhaft ihre schönen Häupter —
ich stand mit ihnen im wunderlichen Verkehr, die geschminkten
Tulpen grüßten mich bettelstolz herablassend, die nervenkranken
Lilien nickten wehmüthig zärtlich, die trunkenrothen Rosen lachten
mir schon von weitem entgegen, die Nachtviolen seufzten — mit
den Myrthen und Lorbeeren hatte ich damals noch keine Be=
kanntschaft, denn sie lockten nicht durch schimmernde Blüthe, aber
mit den Reseden, womit ich jetzt so schlecht stehe, war ich ganz
besonders intim. — Ich spreche vom Hofgarten zu Düsseldorf,
wo ich oft auf dem Rasen lag, und andächtig zuhörte, wenn mir
Monsieur Le Grand von den Kriegsthaten des großen Kaisers
erzählte, und dabei die Märsche schlug, die während jener Thaten
getrommelt wurden, so daß ich alles lebendig sah und hörte.
Ich sah den Zug über den Simplon — der Kaiser voran und
hinterdrein klimmend die braven Grenadiere, während aufge=
scheuchtes Gevögel sein Krächzen erhebt und die Gletscher in der
Ferne donnern — ich sah den Kaiser, die Fahne im Arm, auf
der Brücke von Lodi — ich sah den Kaiser im grauen Mantel
bei Marengo — ich sah den Kaiser zu Roß in der Schlacht bei
den Pyramiden — nichts als Pulverdampf und Mammelucken
— ich sah den Kaiser in der Schlacht bei Austerlitz — hui! wie
pfiffen die Kugeln über die glatte Eisbahn! — ich sah, ich hörte
die Schlacht bei Jena — dum, dum, dum — ich sah, ich hörte
die Schlacht bei Eilau, Wagram — — — — nein, kaum
konnt' ich es aushalten! Monsieur Le Grand trommelte, daß
fast mein eignes Trommelfell dadurch zerrissen wurde.

Achtes Kapitel.

Aber, wie ward mir erst, als ich ihn selber sah, mit hochbe=
gnadigten, eignen Augen ihn selber, Hosiannah! den Kaiser.

Es war eben in der Allee des Hofgartens zu Düsseldorf. Als ich mich durch das gaffende Volk drängte, dachte ich an die Thaten und Schlachten, die mir Monsieur Le Grand vorgetrommelt hatte, mein Herz schlug den Generalmarsch — und dennoch dachte ich zu gleicher Zeit an die Polizeiverordnung, daß man bei fünf Thaler Strafe nicht mitten durch die Allee reiten dürfe. Und der Kaiser mit seinem Gefolge ritt mitten durch die Allee, die schauernden Bäume beugten sich vorwärts, wo er vorbeikam, die Sonnenstrahlen zitterten furchtsam neugierig durch das grüne Laub, und am blauen Himmel oben schwamm sichtbar ein goldner Stern. Der Kaiser trug seine scheinlose grüne Uniform und das kleine welthistorische Hütchen. Er ritt ein weißes Rößlein, und das ging so ruhig stolz, so sicher, so ausgezeichnet — wär' ich damals Kronprinz von Preußen gewesen, so hätte ich dieses Rößlein beneidet. Nachlässig, fast hängend, saß der Kaiser, die eine Hand hielt hoch den Zaum, die andere klopfte gutmüthig den Hals des Pferdchens. — Es war eine sonnig-marmorne Hand, eine mächtige Hand, eine von den beiden Händen, die das vielköpfige Ungeheuer der Anarchie gebändigt und den Völkerzweikampf geordnet hatten — und sie klopfte gutmüthig den Hals des Pferdes. Auch das Gesicht hatte jene Farbe, die wir bei marmornen Griechen- und Römerköpfen finden, die Züge desselben waren ebenfalls edelgemessen, wie die der Antiken, und auf diesem Gesichte stand geschrieben: Du sollst keine Götter haben außer mir. Ein Lächeln, das jedes Herz erwärmte und beruhigte, schwebte um die Lippen — und doch wußte man, diese Lippen brauchten nur zu pfeifen — et la Prusse n'existait plus — die Lippen brauchten nur zu pfeifen — und die ganze Klerisei hatte ausgeklingelt — diese Lippen brauchten nur zu pfeifen — und das ganze römische Reich tanzte. Und diese Lippen lächelten und auch das Auge lächelte. — Es war ein Auge klar wie der Himmel, es konnte lesen im Herzen der Menschen, es sah rasch auf einmal alle Dinge dieser Welt, während wir Anderen sie nur nach einander

und nur ihre gefärbten Schatten sehen. Die Stirne war nicht
so klar, es nisteten darauf die Geister zukünftiger Schlachten,
und es zuckte bisweilen über dieser Stirn, und das waren die
schaffenden Gedanken, die großen Siebenmeilenstiefel-Gedanken,
womit der Geist des Kaisers unsichtbar über die Welt hinschritt —
und ich glaube, jeder dieser Gedanken hätte einem deutschen
Schriftsteller Zeit seines Lebens vollauf Stoff zum Schreiben
gegeben.

Der Kaiser ritt ruhig mitten durch die Allee, kein Polizei-
diener widersetzte sich ihm, hinter ihm, stolz auf schnaubenden
Rossen und belastet mit Gold und Geschmeide, ritt sein Gefolge, die Trommeln wirbelten, die Trompeten erklangen, neben
mir drehte sich der tolle Alouisius und schnarrte die Namen seiner Generale, unfern brüllte der besoffene Gumpertz, und das
Volk rief tausendstimmig: es lebe der Kaiser!

Neuntes Kapitel.

Der Kaiser ist todt. Auf einer öden Insel des atlantischen
Meeres ist sein einsames Grab, und Er, dem die Erde zu eng
war, liegt ruhig unter dem kleinen Hügel, wo fünf Trauerweiden grambvoll ihre grünen Haare herabhängen lassen und ein
frommes Bächlein wehmüthig klagend vorbeirieselt. Es steht
keine Inschrift auf seinem Leichensteine; aber Clio, mit dem ge-
rechten Griffel, schrieb unsichtbare Worte darauf, die wie Gei-
stertöne durch die Jahrtausende klingen werden.

Britannia! dir gehört das Meer. Doch das Meer hat nicht
Wasser genug, um von dir abzuwaschen die Schande, die der
große Todte dir sterbend vermacht hat. Nicht dein windiger
Sir Hudson, nein, du selbst warst der sizilianische Häscher, den
die verschworenen Könige gedungen, um an dem Manne des
Volkes heimlich abzurächen, was das Volk einst öffentlich an

einem der Ihrigen verübt hatte. — Und er war dein Gast und hatte sich gesetzt an deinen Herd. —

Bis in die spätesten Zeiten werden die Knaben Frankreichs singen und sagen von der schrecklichen Gastfreundschaft des Bellerophon, und wenn diese Spott und Thränenlieder den Canal hinüber klingen, so erröthen die Wangen aller ehrsamen Briten. Einst aber wird dieses Lied hinüber klingen, und es giebt kein Britannien mehr, zu Boden geworfen ist das Volk des Stolzes, Westminsters Grabmäler liegen zertrümmert, vergessen ist der königliche Staub, den sie verschlossen. — Und Sanct Helena ist das heilige Grab, wohin die Völker des Orients und Occidents wallfahren in buntbewimpelten Schiffen, und ihr Herz stärken durch große Erinnerung an die Thaten des weltlichen Heilands, der gelitten unter Hudson Lowe, wie es geschrieben steht in den Evangelien Las Casas, Omeara und Antommarchi.

Seltsam! die drei größten Widersacher des Kaisers hat schon ein schreckliches Schicksal getroffen: Londonderry hat sich die Kehle abgeschnitten, Ludwig XVIII. ist auf seinem Throne verfault, und Professor Saalfeld ist noch immer Professor in Göttingen.

Zehntes Kapitel.

Es war ein klarer, fröstelnder Herbsttag, als ein junger Mensch von studentischem Ansehen durch die Allee des Düsseldorfer Hofgartens langsam wanderte, manchmal, wie aus kindischer Lust, das raschelnde Laub, das den Boden bedeckte, mit den Füßen aufwarf, manchmal aber auch wehmüthig hinaufblickte nach den dürren Bäumen, woran nur noch wenige Goldblätter hingen. Wenn er so hinaufsah, dachte er an die Worte des Glaukos:

„Gleich wie Blätter im Walde, so sind die Geschlechter der Menschen;
Blätter verweht zur Erde der Wind nun, andere treibt dann
Wieder der knospende Wald, wenn neu auflebet der Frühling;
So der Menschen Geschlecht, dies wächst, und jenes verschwindet.“

In früheren Tagen hatte der junge Mensch mit ganz andern
Gedanken an eben dieselben Bäume hinaufgesehen, und er war
damals ein Knabe, und suchte Vogelnester oder Sommerkäfer,
die ihn gar sehr ergötzten, wenn sie lustig dahinsummten, und
sich der hübschen Welt erfreuten, und zufrieden waren mit einem
saftig-grünen Blättchen, mit einem Tröpfchen Thau, mit einem
warmen Sonnenstrahl, und mit dem süßen Kräuterduft.   Damals war des Knaben Herz eben so vergnügt wie die flatternden Thierchen.   Jetzt aber war sein Herz älter geworden, die
kleinen Sonnenstrahlen waren darin erloschen, alle Blumen
waren darin abgestorben, sogar der schöne Traum der Liebe war
darin verblichen, im armen Herzen war nichts als Muth und
Gram, und damit ich das Schmerzlichste sage — es war mein
Herz.

Denselben Tag war ich zur alten Vaterstadt zurückgekehrt,
aber ich wollte nicht darin übernachten und sehnte mich nach
Godesberg, um zu den Füßen meiner Freundin mich niederzu-
setzen und von der kleinen Veronika zu erzählen.   Ich hatte die
lieben Gräber besucht.   Von allen lebenden Freunden und Ver-
wandten hatte ich nur einen Ohm und eine Muhme wiederge-
funden.   Fand ich auch sonst noch bekannte Gestalten auf der
Straße, so kannte mich doch niemand mehr, und die Stadt selbst
sah mich an mit fremden Augen, viele Häuser waren unterdessen
neu angestrichen worden, aus den Fenstern guckten fremde Gesichter, um die alten Schornsteine flatterten abgelebte Spatzen,
alles sah so todt und doch so frisch aus, wie Salat, der auf
einem Kirchhofe wächst; wo man sonst französisch sprach, ward
jetzt preußisch gesprochen, sogar ein kleines preußisches Höfchen
hatte sich unterdessen dort angesiedelt, und die Leute trugen Hof-   .
titel, die ehemalige Friseurin meiner Mutter war Hoffriseurin
geworden, und es gab jetzt dort Hofschneider, Hofschuster, Hof-
wanzenvertilgerinnen, Hofschnapsladen, die ganze Stadt schien
ein Hoflazareth für Hofgeisteskranke.   Nur der alte Kurfürst
erkannte mich, er stand noch auf dem alten Platz; aber er schien

magerer geworden zu sein. Eben weil er immer mitten auf dem Markte stand, hatte er alle Misère der Zeit mit angesehen, und von solchem Anblick wird man nicht fett. Ich war wie im Traume, und dachte an das Mährchen von den verzauberten Städten, und ich eilte zum Thor hinaus, damit ich nicht zu früh erwachte. Im Hofgarten vermißte ich manchen Baum, und mancher war verkrüppelt, und die vier großen Pappeln, die mir sonst wie grüne Riesen erschienen, waren klein geworden. Einige hübsche Mädchen gingen spazieren, buntgeputzt wie wandelnde Tulpen. Und diese Tulpen hatte ich gekannt, als sie noch kleine Zwiebelchen waren: denn ach! es waren ja Nachbarskinder, womit ich einst „Prinzessin im Thurme" gespielt hatte. Aber die schönen Jungfrauen, die ich sonst als blühende Rosen gekannt, sah ich jetzt als verwelkte Rosen, und in manche hohe Stirne, deren Stolz mir einst das Herz entzückte, hatte Saturn mit seiner Sense tiefe Runzeln eingeschnitten. Jetzt erst, aber ach! viel zu spät, entdeckte ich, was der Blick bedeuten sollte, den sie einst dem schon jünglinghaften Knaben zugeworfen; ich hatte unterdessen in der Fremde manche Parallelstellen in schönen Augen bemerkt. Tief bewegte mich das demüthige Hutabnehmen eines Mannes, den ich einst reich und vornehm gesehen, und der seitdem zum Bettler herabgesunken war; wie man denn überall sieht, daß die Menschen, wenn sie einmal im Sinken sind, wie nach dem Newton'schen Gesetze, immer entsetzlich schneller und schneller in's Elend herabfallen. Wer mir aber gar nicht verändert schien, das war der kleine Baron, der lustig wie sonst durch den Hofgarten tänzelte, mit der einen Hand den linken Rockschooß in der Höhe haltend, mit der andern Hand sein dünnes Rohrstöckchen hin= und herschwingend; es war noch immer dasselbe freundliche Gesichtchen, dessen Rosenröthe sich nach der Nase hin konzentrirt, es war noch immer das alte Kegelhütchen, es war noch immer das alte Zöpfchen, nur daß aus diesem jetzt einige weiße Härchen, statt der ehemaligen schwarzen Härchen hervorkamen. Aber so vergnügt er auch aussah, so

wußte ich dennoch, daß der arme Baron unterdessen viel Kum=
mer ausgestanden hatte, sein Gesichtchen wollte es mir verber=
gen, aber die weißen Härchen seines Zöpfchens haben es mir
hinter seinem Rücken verrathen.   Und das Zöpfchen selber hätte
es gerne wieder abgeläugnet und wackelte gar wehmüthig lustig.

Ich war nicht müde, aber ich bekam doch Lust, mich noch ein=
mal auf die hölzerne Bank zu setzen, in die ich einst den Namen
meines Mädchen eingeschnitten.   Ich konnte ihn kaum wieder=
finden, es waren so viele neue Namen darüber hingeschnitzelt.
Ach! einst war ich auf dieser Bank eingeschlafen und träumte
von Glück und Liebe.   „Träume sind Schäume.“   Auch die
alten Kinderspiele kamen mir wieder in den Sinn, auch die
alten, hübschen Mährchen! aber ein neues falsches Spiel, und
ein neues, häßliches Mährchen klang immer hindurch, und es
war die Geschichte von zwei armen Seelen, die einander untreu
wurden, und es nachher in der Trostlosigkeit so weit brachten,
daß sie sogar dem lieben Gotte die Treue brachen.   Es ist eine
böse Geschichte, und wenn man just nichts besseres zu thun weiß,
kann man darüber weinen.   O Gott! einst war die Welt so
hübsch, und die Vögel sangen dein ewiges Lob, und die kleine
Veronika sah mich an, mit stillen Augen, und wir saßen vor der
marmornen Statue auf dem Schloßplatz — auf der einen Seite
liegt das alte, verwüstete Schloß, worin es spukt und Nachts
eine schwarzseidene Dame ohne Kopf, mit langer, rauschender
Schleppe, herumwandelt; auf der andern Seite ist ein hohes,
weißes Gebäude, in dessen oberen Gemächern die bunten Ge=
mälde mit goldenen Rahmen wunderbar glänzten, und in dessen
Untergeschosse so viele tausend mächtige Bücher standen, die ich
und die kleine Veronika oft mit Neugier betrachteten, wenn uns
die fromme Ursula an die großen Fenster hinanhob. — Spä=
terhin, als ich ein großer Knabe geworden, erkletterte ich dort
täglich die höchsten Leiterprossen, und holte die höchsten Bücher
herab, und las darin so lange, bis ich mich vor nichts mehr, am
wenigsten vor Damen ohne Kopf, fürchtete, und ich wurde so

gescheut, daß ich alle alten Spiele und Mährchen und Bilder
und die kleine Veronika und sogar ihren Namen vergaß.

Während ich aber, auf der alten Bank des Hofgartens sitzend,
in die Vergangenheit zurückträumte, hörte ich hinter mir ver=
worrene Menschenstimmen, welche das Schicksal der armen
Franzosen beklagten, die, im russischen Kriege als Gefangene
nach Sibirien geschleppt, dort mehre lange Jahre, obgleich schon
Frieden war, zurückgehalten worden und jetzt erst heimkehrten.
Als ich aufsah, erblickte ich wirklich die Waisenkinder des Ruh=
mes; durch die Risse ihrer zerlumpten Uniformen lauschte das
nackte Elend, in ihren verwitterten Gesichtern lagen tiefe, kla=
gende Augen, und obgleich verstümmelt, ermattet und meistens
hinkend, blieben sie doch noch immer in einer Art militärischen
Schrittes, und seltsam genug! ein Tambour mit einer Trom=
mel schwankte voran; und mit innerem Grauen ergriff mich die
Erinnerung an die Sage von den Soldaten, die des Tages in
der Schlacht gefallen und des Nachts wieder vom Schlachtfelde
aufstehen und mit dem Tambour an der Spitze nach ihrer Va=
terstadt marschiren, und wovon das alte Volkslied singt:

> „Er schlug die Trommel auf und nieder,
> Sie sind vor'm Nachtquartier schon wieder
> Ins Gäßlein hell hinaus,
> Trallerie, Trallerei, Trallera,
> Sie ziehn vor Schätzels Haus.
>
> Da stehen Morgens die Gebeine
> In Reih' und Glied wie Leichensteine,
> Die Trommel geht voran,
> Trallerie, Trallerei, Trallera,
> Daß sie ihn sehen kann."

Wahrlich, der arme französische Tambour schien halb ver=
west aus dem Grabe gestiegen zu sein, es war nur ein kleiner
Schatten in einer schmutzig zersetzten grauen Capote, ein ver=
storben gelbes Gesicht, mit einem großen Schnurrbarte, der

wehmüthig herabhing über die verblichenen Lippen, die Augen
waren wie verbrannter Zunder, worin nur noch wenige Fünk=
chen glimmen, und dennoch, an einem einzigen dieser Fünkchen,
erkannte ich Monsieur Le Grand.

Er erkannte auch mich, und zog mich nieder auf den Rasen,
und da saßen wir wieder wie sonst, als er mir auf der Trom=
mel die französische Sprache und die neuere Geschichte dozirte.
Es war noch immer die wohlbekannte, alte Trommel, und ich
konnte mich nicht genug wundern, wie er sie vor russischer Hab=
sucht geschützt hatte. Er trommelte jetzt wieder wie sonst, jedoch
ohne dabei zu sprechen. Waren aber die Lippen unheimlich zu=
sammengekniffen, so sprachen desto mehr seine Augen, die sieg=
haft aufleuchteten, indem er die alten Märsche trommelte. Die
Pappeln neben uns erzitterten, als er wieder den rothen Guillo=
tinenmarsch erdröhnen ließ. Auch die alten Freiheitskämpfe,
die alten Schlachten, die Thaten des Kaisers, trommelte er wie
sonst, und es schien, als sei die Trommel selber ein lebendiges
Wesen, das sich freute, seine innere Lust aussprechen zu können.
Ich hörte wieder den Kanonendonner, das Pfeifen der Kugeln,
den Lärm der Schlacht, ich sah wieder den Todesmuth der Garde,
ich sah wieder die flatternden Fahnen, ich sah wieder den Kaiser
zu Roß — aber allmählig schlich sich ein trüber Ton in jene
freudigsten Wirbel, aus der Trommel klangen Laute, worin das
wildeste Jauchzen und das entsetzlichste Trauern unheimlich ge=
mischt waren, es schien ein Siegesmarsch und zugleich ein Todten=
marsch, die Augen Le Grand's öffneten sich geisterhaft weit, und
ich sah darin nichts als ein weites, weißes Eisfeld bedeckt mit
Leichen — es war die Schlacht bei der Moskwa.

Ich hätte nie gedacht, daß die alte, harte Trommel so schmerz=
liche Laute von sich geben könnte, wie jetzt Monsieur Le Grand
daraus hervorzulocken wußte. Es waren getrommelte Thränen,
und sie tönten immer leiser, und wie ein trübes Echo brachen
tiefe Seufzer aus der Brust Le Grand's. Und dieser wurde
immer matter und gespenstischer, seine dürren Hände zitterten

vor Froſt, er ſaß wie im Traume, und bewegte mit ſeinen Trommelſtöcken nur die Luft, und horchte wie auf ferne Stim= men, und endlich ſchaute er mich an mit einem tiefen, abgrund= tiefen, flehenden Blick — ich verſtand ihn — und dann ſank ſein Haupt herab auf die Trommel.

Monſieur Le Grand hat in dieſem Leben nie mehr getrom= melt. Auch ſeine Trommel hat nie mehr einen Ton von ſich gegeben, ſie ſollte keinem Feinde der Freiheit zu einem ſervilen Zapfenſtreich dienen, ich hatte den letzten, flehenden Blick Le Grand's ſehr gut verſtanden, und zog ſogleich den Degen aus meinem Stock und zerſtach die Trommel.

Eilftes Kapitel.

Du sublime au ridicule il n'y a qu'un pas, Madame!

Aber das Leben iſt im Grunde ſo fatal ernſthaft, daß es nicht zu ertragen wäre ohne ſolche Verbindung des Pathetiſchen mit dem Komiſchen. Das wiſſen unſere Poeten. Die grauenhaf= teſten Bilder des menſchlichen Wahnſinns zeigt uns Ariſtopha= nes nur im lachenden Spiegel des Witzes, den großen Denker= ſchmerz, der ſeine eigne Nichtigkeit begreift, wagt Goethe nur mit den Knittelverſen eines Puppenſpiels auszuſprechen, und die tödtlichſte Klage über den Jammer der Welt legt Shakespeare in den Mund eines Narren, während er deſſen Schellenkappe ängſtlich ſchüttelt.

Sie haben's alle dem großen Urpoeten abgeſehen, der in ſeiner tauſendaktigen Welttragödie den Humor auf's Höchſte zu treiben weiß, wie wir es täglich ſehen; — nach dem Abgang der Hel= den kommen die Clowns und Grazioſos mit ihren Narrenkol= ben und Pritſchen, nach den blutigen Revolutionsſcenen und Kaiſeractionen kommen wieder herangewatſchelt die dicken Bour= bonen mit ihren alten abgeſtandenen Späßchen und zartlegitimen

Bonmots, und graziöse hüpft herbei die alte Noblesse mit ihrem verhungerten Lächeln, und hinterdrein wallen die frommen Ka= puzen mit Lichtern, Kreuzen und Kirchenfahnen; — sogar in das höchste Pathos der Welttragödie pflegen sich komische Züge einzuschleichen, der verzweifelnde Republikaner, der sich wie ein Brutus das Messer in's Herz stieß, hat vielleicht zuvor daran gerochen, ob auch kein Häring damit geschnitten worden, und auf dieser großen Weltbühne geht es auch außerdem ganz wie auf unsern Lumpenbrettern, auch auf ihr giebt es besoffne Hel= den, Könige, die ihre Rolle vergessen, Coulissen, die hängen ge= blieben, hervorschallende Souffleurstimmen, Tänzerinnen, die mit ihrer Lendenpoesie Effekt machen, Costümes, die als Haupt= sache glänzen. — Und im Himmel oben, im ersten Range, sitzen unterdessen die lieben Engelein, und lorgniren uns Komödianten hier unten, und der liebe Gott sitzt ernsthaft in seiner großen Loge, und langweilt sich vielleicht, oder rechnet nach, daß dieses Theater sich nicht lange mehr halten kann, weil der Eine zu viel Gage und der Andere zu wenig bekommt, und Alle viel zu schlecht spielen.

Du sublime au ridicule il n'y a qu'un pas, Madame! Während ich das Ende des vorigen Kapitels schrieb, und Ihnen erzählte, wie Monsieur Le Grand starb, und wie ich das testa- mentum militare, das in seinem letzten Blicke lag, gewissen= haft executirte, da klopfte es an meiner Stubenthüre, und herein trat eine arme, alte Frau, die mich freundlich frug: Ob ich ein Doctor sei? Und als ich dies bejahte, bat sie mich recht freundlich, mit ihr nach Hause zu gehen, um dort ihrem Manne die Hühneraugen zu schneiden.

Zwölftes Kapitel.

———

Die deutschen Censoren —— — — — — — — —
— — — — — — — — — —
— — — — — — — — —
— — — — — — — —
— — — — ·· — Dummköpfe — — — — — —
— — — — — — — — —
— — — — — — — —
— — — —

———

Dreizehntes Kapitel.

———

Madame! unter Leda's brütenden Hemisphären lag schon
der ganze trojanische Krieg, und Sie können die berühmten Thrä=
nen des Priamos nimmermehr verstehen, wenn ich Ihnen nicht
erst von den alten Schwaneneiern erzähle.   Deshalb beklagen
Sie sich nicht über meine Abschweifungen.   In allen vorher=
gehenden Kapiteln ist keine Zeile, die nicht zur Sache gehörte,
ich schreibe gedrängt, ich vermeide alles Ueberflüssige, ich über=
gehe sogar oft das Nothwendige, z. B. ich habe noch nicht ein=
mal ordentlich citirt — ich meine nicht Geister, sondern, im
Gegentheil, ich meine Schriftsteller — und doch ist das Citiren
alter und neuer Bücher das Hauptvergnügen eines jungen Au=
tors, und so ein Paar grundgelehrte Citate zieren den ganzen
Menschen.   Glauben Sie nur nicht, Madame, es fehle mir an
Bekanntschaft mit Büchertiteln.   Außerdem kenne ich den Kunst=
griff großer Geister, die es verstehen, die Korinthen aus den
Semmeln und die Citate aus den Collegienheften herauszu=
picken ; ich weiß auch, woher Bartel den Most holt.   Im Noth=
fall könnte ich bei meinen gelehrten Freunden eine Anleihe von

Citaten machen. Mein Freund G. in Berlin ist so zu sagen
ein kleiner Rothschild an Citaten, und leihet mir gern einige
Millionen, und hat er sie nicht selbst vorräthig, so kann er sie
leicht bei einigen andern kosmopolitischen Geistesbanquiers zu=
sammen bringen. — Doch, ich brauche jetzt noch keine Anleihe zu
machen, ich bin ein Mann, der sich gut steht, ich habe jährlich
meine 10,000 Citate zu verzehren, ja, ich habe sogar die Erfin=
dung gemacht, wie man falsche Citate für echte ausgeben kann.
Sollte irgend ein großer, reicher Gelehrter, z. B. Michael Beer,
mir dieses Geheimniß abkaufen wollen, so will ich es gerne für
19,000 Thaler Courant abstehen; auch ließe ich mich handeln.
Eine andere Erfindung will ich zum Heile der Literatur nicht
verschweigen und will sie gratis mittheilen:
    Ich halte es nämlich für rathsam, alle obscuren Autoren mit
ihrer Hausnummer zu citiren.
    Diese „guten Leute und schlechten Musikanten" — so wird im
Ponce de Leon das Orchester angeredet — diese obscuren Au=
toren besitzen doch immer selbst noch ein Exemplärchen ihres
längst=verschollenen Büchleins, und um dieses aufzutreiben, muß
man also ihre Hausnummer wissen. Wollte ich z. B. „Spit=
ta's Sangbüchlein für Handwerksburschen" citiren — meine
liebe Madame, wo wollten Sie dieses finden? Citire ich aber:
        „vid. Sangbüchlein für Handwerksburschen, von P.
        Spitta; Lüneburg, auf der Lünerstraße No. 2, rechts
        um die Ecke" —
so können Sie, Madame, wenn Sie es der Mühe werth halten,
das Büchlein auftreiben. Es ist aber nicht der Mühe werth.
    Uebrigens, Madame, haben Sie gar keine Idee davon, mit
welcher Leichtigkeit ich citiren kann. Ueberall finde ich Gelegen=
heit, meine tiefe Gelahrtheit anzubringen. Spreche ich z. B.
vom Essen, so bemerke ich in einer Note, daß die Römer,
Griechen und Hebräer ebenfalls gegessen haben, ich citire all die
köstlichen Gerichte, die von der Köchin des Lucullus bereitet
worden — weh mir, daß ich anderthalb Jahrtausend zu spät ge=

boren bin! — ich bemerke auch, daß die gemeinschaftlichen
Mahle bei den Griechen so und so hießen, und daß die Spar=
taner schlechte schwarze Suppen gegessen. — Es ist doch gut,
daß ich damals noch nicht lebte, ich kann mir nichts entsetzliche=
res denken, als wenn ich armer Mensch ein Spartaner geworden
wäre, Suppe ist mein Lieblingsgericht. — Madame, ich denke
nächstens nach London zu reisen, wenn es aber wirklich wahr ist,
daß man dort keine Suppen bekömmt, so treibt mich die Sehn=
sucht bald wieder zurück nach den Suppenfleischtöpfen des Va=
terlandes. Ueber das Essen der alten Hebräer könnt' ich weit=
läufig mich aussprechen und bis auf die jüdische Küche der
neuesten Zeit herabgehen. — Ich citire bei dieser Gelegenheit den
ganzen Steinweg. — Ich könnte auch anführen, wie human sich
viele Berliner Gelehrte über das Essen der Juden geäußert, ich
käme dann auf die andern Vorzüglichkeiten und Vortrefflichkeiten
der Juden, auf die Erfindung, die man ihnen verdankt, z. B.
die Wechsel, das Christenthum — aber halt! letzteres wollen
wir ihnen nicht allzuhoch anrechnen, da wir eigentlich noch wenig
Gebrauch davon gemacht haben — ich glaube, die Juden selbst
haben dabei weniger ihre Rechnung gefunden als bei der Erfin=
dung der Wechsel. Bei Gelegenheit der Juden könnte ich auch
Tacitus citiren — er sagt, sie verehrten Esel in ihren Tem=
peln — und bei Gelegenheit der Esel, welch ein weites Citaten=
feld eröffnet sich mir! Wie viel Merkwürdiges läßt sich an=
führen über antike Esel, im Gegensatz zu den modernen. Wie
vernünftig waren jene und ach! wie stupide sind diese. Wie
verständig spricht z. B. Bileams Esel,
					vid. Pentat. Lib. — — — —
Madame, ich habe just das Buch nicht bei der Hand und will
diese Stelle zum Ausfüllen offen lassen. Dagegen in Hinsicht
der Abgeschmacktheit neuerer Esel citire ich:
					vid.		— — — —
					— — — —
nein, ich will auch diese Stelle offen lassen, sonst werde ich eben=

falls citirt, nämlich injuriarum. Die neueren Esel sind große
Esel. Die alten Esel, die so hoch in der Cultur standen,
vid. Gesneri: De antiqua honestate asinorum.
(In comment. Götting. T. II. p. 32.)
sie würden sich im Grabe umdrehen, wenn sie hörten, wie man
von ihren Nachkommen spricht. Einst war „Esel" ein Ehren=
name — bedeutete so viel wie jetzt „Hofrath" „Baron" „Doc=
tor Philosophiae." — Jacob vergleicht damit seinen Sohn Isa=
schar, Homer vergleicht damit seinen Helden Ajax, und jetzt
vergleicht man damit den Herrn v . . . . ! Madame,
bei Gelegenheit solcher Esel könnte ich mich tief in die Literatur=
geschichte versenken, ich könnte alle große Männer citiren, die
verliebt gewesen sind, z. B. den Abelardum, Picum Mirandu=
lanum, Borbonium, Curtesium, Angelum Politianum, Ray=
mundum Lullum und Henricum Heineum. Bei Gelegenheit
der Liebe könnte ich wieder alle große Männer citiren, die keinen
Tabak geraucht haben, z. B. Cicero, Justinian, Goethe, Hugo,
Ich — zufällig sind wir alle fünf auch so halb und halb Juristen,
Mabillon konnte nicht einmal den Rauch einer fremden Pfeife
vertragen, in seinem Itinere germanico klagt er, in Hinsicht
der deutschen Wirthshäuser, "quod molestus ipsi fuerit ta-
baci grave olentis foetor." Dagegen wird andern großen
Männern eine Vorliebe für den Tabak zugeschrieben. Raphael
Thorus hat einen Hymnus auf den Tabak gedichtet — Ma=
dame, Sie wissen vielleicht noch nicht, daß ihn Isaak Else=
verius Anno 1628 zu Leiden in Quart herausgegeben hat —
und Ludovicus Kinschot hat eine Vorrede in Versen dazu ge=
schrieben. Grävius hat sogar ein Sonett auf den Tabak ge=
macht. Auch der große Boxhornius liebte den Tabak. Bayle,
in seinem Dict. hist. et critiq. meldet von ihm, er habe sich
sagen lassen, daß der große Boxhornius beim Rauchen einen
großen Hut mit einem Loch im Vorderrand getragen, in welches
er oft die Pfeife gesteckt, damit sie ihn in seinen Studien nicht
hindere — Apropos, bei Erwähnung des großen Boxhornius

könnte ich auch all' die großen Gelehrten citiren, die sich in's Borhorn jagen ließen und davon liefen. Ich verweise aber bloß auf Joh. Georg Martius: De fuga literatorum etc. etc. etc. Wenn wir die Geschichte durchgehen, Madame, so haben alle großen Männer einmal in ihrem Leben davon laufen müssen: — Loth, Tarquinius, Moses, Jupiter, Frau von Staël, Nebu= cadnezar, Benjowsky, Mahomet, die ganze preußische Armee, Gregor VII., Rabbi Jizchat Abarbanel, Rousseau — ich könnte noch sehr viele Namen anführen, z. B. die, welche an der Börse auf dem schwarzen Brette verzeichnet sind.

Sie sehen, Madame, es fehlt mir nicht an Gründlichkeit und Tiefe. Nur mit der Systematie will es noch nicht so recht gehen. Als ein echter Deutscher hätte ich dieses Buch mit einer Erklärung seines Titels eröffnen müssen, wie es im heiligen römischen Reiche Brauch und Herkommen ist. Phidias hat zwar zu seinem Jupiter keine Vorrede gemacht, eben so wenig, wie auf der mediceischen Venus — ich habe sie von allen Seiten betrachtet — irgend ein Citat gefunden wird; — aber die alten Griechen waren Griechen, unser einer ist ein ehrlicher Deutscher, kann die deutsche Natur nicht ganz verläugnen, und ich muß mich daher noch nachträglich über den Titel meines Buches aus= sprechen.

Madame, ich spreche demnach:

1. Von den Ideen,
   A. Von den Ideen im Allgemeinen.
      a. Von den vernünftigen Ideen.
      b. Von den unvernünftigen Ideen.
      α. Von den gewöhnlichen Ideen.
      β. Von den Ideen, die mit grünem Leder über= zogen sind.

   Diese werden wieder eingetheilt in — doch das wird sich alles schon finden.

Vierzehntes Kapitel.

Madame, haben Sie überhaupt eine Idee von einer Idee?
Was ist eine Idee? „Es liegen einige gute Ideen in diesem
Rock," sagte mein Schneider, indem er mit ernster Anerkennung
den Oberrock betrachtete, der sich noch aus meinen berlinisch ele=
ganten Tagen herschreibt, und woraus jetzt ein ehrsamer Schlaf=
rock gemacht werden sollte. Meine Wäscherin klagt: „Der
Pastor S. habe ihrer Tochter Ideen in den Kopf gesetzt, und
sie sei dadurch unklug geworden nnd wolle keine Vernunft mehr
annehmen." Der Kutscher Pattensen brummt bei jeder Gele=
legenheit: „daß ist eine Idee! das ist eine Idee!" Gestern
aber wurde er ordentlich verdrießlich, als ich ihn frug: was er
sich unter einer Idee vorstelle? Und verdrießlich brummte er:
„Nu, nu, eine Idee ist eine Idee! eine Idee ist alles dumme
Zeug, was man sich einbildet." In gleicher Bedeutung wird
dieses Wort, als Buchtitel, von dem Hofrath Heeren in Göttin=
gen gebraucht.

Der Kutscher Pattensen ist ein Mann, der auf der weiten
Lüneburger Heide in Nacht und Nebel, den Weg zu finden
weiß; der Hofrath Heeren ist ein Mann, der ebenfalls mit klu=
gem Instinkt die alten Karavanenwege des Morgenlands auf=
findet, und dort schon, seit Jahr und Tag, so sicher und gedul=
dig einherwandelt, wie jemals ein Kameel des Alterthums: auf
solche Leute kann man sich verlassen, solchen Leuten darf man
getrost nachfolgen, und darum habe ich dieses Buch „Ideen"
betitelt.

Der Titel des Buches bedeutet daher eben so wenig als der
Titel des Verfassers, er ward von demselben nicht aus gelehrtem
Hochmuth gewählt, und darf ihm für nichts weniger als Eitel=
keit ausgedeutet werden. Nehmen Sie die wehmüthigste Ver=
sicherung, Madame, ich bin nicht eitel. Es bedarf dieser Be=
merkung, wie Sie mitunter merken werden. Ich bin nicht eitel
— Und wüchse ein Wald von Lorbeeren auf meinem Haupte,

und ergösse sich ein Meer von Weihrauch in mein junges Herz
— ich würde doch nicht eitel werden. Meine Freunde und übri=
gen Raum= und Zeitgenossen haben treulich dafür gesorgt, —
Sie wissen, Madame, daß alte Weiber ihre Pflegekinder ein
bischen anspucken, wenn man die Schönheit derselben lobt, da=
mit das Lob den lieben Kleinen nicht schade — Sie wissen,
wenn zu Rom der Triumphator, ruhmbekränzt und purpurge=
schmückt, auf seinem goldnen Wagen mit weißen Rossen, vom
Campo Martis einherfuhr, wie ein Gott hervorragend aus dem
feierlichen Zuge der Lictoren, Musikanten, Tänzer, Priester,
Sclaven, Elephanten, Trophäenträger, Consuln, Senatoren,
Soldaten: dann sang der Pöbel hintendrein allerlei Spottlie=
der — und Sie wissen, Madame, daß es im lieben Deutsch=
land viel alte Weiber und Pöbel giebt.

Wie gesagt, Madame, die Ideen, von denen hier die Rede ist,
sind von den platonischen eben so weit entfernt wie Athen von
Göttingen, und Sie dürfen von dem Buche selbst eben so wenig
große Erwartungen hegen, als von dem Verfasser selbst. Wahr=
lich, wie dieser überhaupt jemals dergleichen Erwartungen erre=
gen konnte, ist mir eben so unbegreiflich als meinen Freunden.
Gräfin Julie will die Sache erklären, und versichert: wenn der
besagte Verfasser zuweilen etwas wirklich Geistreiches und Neu=
gedachtes ausspreche, so sei dies blos Verstellung von ihm, und
im Grunde sei er eben so dumm wie die Uebrigen. Das ist
falsch, ich verstelle mich gar nicht, ich spreche wie mir der Schna=
bel gewachsen, ich schreibe in aller Unschuld und Einfalt, was
mir in den Sinn kommt, und ich bin nicht daran Schuld, wenn
das etwas Gescheutes ist. Aber ich habe nun mal im Schrei=
ben mehr Glück als in der Altonaer Lotterie — ich wollte, der
Fall wäre umgekehrt — und da kommt aus meiner Feder mancher
Herztreffer, manche Gedankenquaterne, und das thut Gott; —
denn ER, der den frömmsten Elohasängern und Erbauungspoeten
alle schönen Gedanken und allen Ruhm in der Literatur ver=
sagt, damit sie nicht von ihren irdischen Mitcreaturen zu sehr

gelobt werden und dadurch des Himmels vergessen, wo ihnen
schon von den Engeln das Quartier zurecht gemacht wird: —
ER pflegt uns andere, profane, sündhafte, ketzerische Schrift=
steller, für die der Himmel doch so gut wie vernagelt ist, desto mehr
mit vorzüglichen Gedanken und Menschenruhm zu segnen, und
zwar aus göttlicher Gnade und Barmherzigkeit, damit die arme
Seele, die doch nun einmal erschaffen ist, nicht ganz leer aus=
gehe und wenigstens hienieden auf Erden einen Theil jener
Wonne empfinde, die ihr dort oben versagt ist.

vid. Goethe und die Traktätchenverfasser.

Sie sehen also, Madame, Sie dürfen meine Schriften lesen,
diese zeugen von der Gnade und Barmherzigkeit Gottes, ich
schreibe im blinden Vertrauen auf dessen Allmacht, ich bin in
dieser Hinsicht ein echt christlicher Schriftsteller, und, um mit
Gubitz zu reden, während ich eben diese gegenwärtige Periode
anfange, weiß ich noch nicht, wie ich sie schließe und was ich
eigentlich sagen soll, und ich verlasse mich dafür auf den lieben
Gott.   Und wie könnte ich auch schreiben ohne diese fromme
Zuversicht, in meinem Zimmer steht jetzt der Bursche aus der
Langhoff'schen Druckerei und wartet auf Manuscript, das kaum=
geborene Wort wandert warm und naß in die Presse und was ich
in diesem Augenblick denke und fühle, kann morgen Mittag
schon Makulatur sein.

Sie haben leicht reden, Madame, wenn Sie mich an das
Horazische nonum prematur in annum erinnern.   Diese Re=
gel mag, wie manche andere der Art, sehr gut in der Theorie
gelten, aber in der Praxis taugt sie nichts.   Als Horaz dem
Autor die berühmte Regel gab, sein Werk neun Jahr im Pulte
liegen zu lassen, hätte er ihm auch zu gleicher Zeit das Recept
geben sollen, wie man neun Jahre ohne Essen zubringen kann.
Als Horaz diese Regel ersann, saß er vielleicht an der Tafel des
Mäcenas und aß Truthähne mit Trüffeln, Fasanenpudding in
Wildpretsauce, Lerchenrippchen mit Teltower Rübchen, Pfauen=
zungen, indianische Vogelnester, und Gott weiß! was noch

mehr, und alles umsonst.   Aber wir, wir unglücklichen Spät=
gebornen, wir leben in einer andern Zeit, unsere Mäcenaten
haben ganz andere Principien, sie glauben, Autoren und Mis=
peln gedeihen am besten, wenn sie einige Zeit auf dem Stroh
liegen, sie glauben, die Hunde taugten nicht auf der Bilder= und
Gedankenjagd, wenn sie zu dick gefüttert würden, ach! und wenn
sie ja mal einen armen Hund füttern, so ist es der unrechte, der
die Brocken am wenigsten verdient, z. B. der Dachs, der die
Hand leckt, oder der winzige Bologneser, der sich in den duftigen
Schooß der Hausdame zu schmiegen weiß, oder der geduldige
Pudel, der eine Brodwissenschaft gelernt und apportiren, tanzen
und trommeln kann. — Während ich dieses schreibe, steht hinter
mir mein kleiner Mops und bellt.   Schweig' nur, Ami, dich
hab' ich nicht gemeint, denn du liebst mich und begleitest deinen
Herrn in Noth und Gefahr und würdest sterben auf seinem
Grabe, eben so treu wie mancher andere deutsche Hund, der in
die Fremde verstoßen, vor den Thoren Deutschlands liegt und
hungert und wimmert — Entschuldigen Sie, Madame, daß ich
eben abschweifte, um meinem armen Hunde eine Ehrenerklärung
zu geben, ich komme wieder auf die Horazische Regel und ihre
Unanwendbarkeit im neunzehnten Jahrhundert, wo die Poeten
das Schürzenstipendium der Muse nicht entbehren können —
Ma foi, Madame! ich könnte es keine 24 Stunden, viel weni=
ger 9 Jahre aushalten, mein Magen hat wenig Sinn für Un=
sterblichkeit, ich hab' mir's überlegt, ich will nur halb unsterb=
lich und ganz satt werden, und wenn Voltaire dreihundert Jahre
seines ewigen Nachruhms für eine gute Verdauung des Essens
hingeben möchte, so biete ich das Doppelte für das Essen selbst.
Ach! und was für schönes, blühendes Essen giebt es auf dieser
Welt!   Der Philosoph Pangloß hat Recht; es ist die beste
Welt!   Aber man muß Geld in dieser besten Welt haben, Geld
in der Tasche und nicht Manuscripte im Pult.   Der Wirth im
König von England, Herr Marr, ist selbst Schriftsteller und
kennt auch die Horazische Regel, aber ich glaube nicht, daß

er mir, wenn ich sie ausüben wollte, neun Jahr' zu essen
gäbe. .

Im Grunde, warum sollte ich sie auch ausüben? Ich habe
des Guten so viel zu schreiben, daß ich nicht lange Federlesens
zu machen brauche. So lange mein Herz voll Liebe und der
Kopf meiner Nebenmenschen voll Narrheit ist, wird es mir nie
an Stoff zum Schreiben fehlen. Und mein Herz wird immer
lieben, so lange es Frauen giebt, erkaltet es für die Eine, so er=
glüht es gleich für die Andere; wie in Frankreich der König nie
stirbt, so stirbt auch nie die Königin in meinem Herzen, und da
heißt es: la reine est morte, vive la reine! Auf gleiche
Weise wird auch die Narrheit meiner Nebenmenschen nie aus=
sterben. Denn es giebt nur eine einzige Klugheit und diese
hat ihre bestimmten Grenzen; aber es giebt tausend unermeß=
liche Narrheiten. Der gelehrte Casuist und Seelsorger Schupp
sagt sogar: „in der Welt sind mehr Narren als Menschen —"
vid. Schuppii lehrreiche Schriften, S. 1121.
Bedenkt man, daß der große Schuppius in Hamburg gewohnt
hat, so findet man diese statistische Angabe gar nicht übertrieben.
Ich befinde mich an demselben Orte, und kann sagen, daß mir
ordentlich wohl wird, wenn ich bedenke, all' diese Narren, die
ich hier sehe, kann ich in meinen Schriften gebrauchen, sie sind
baares Honorar, baares Geld. Ich befinde mich jetzt so recht
in der Wolle. Der Herr hat mich gesegnet, die Narren sind
dieses Jahr ganz besonders gut gerathen, und als guter Wirth
consumire ich nur wenige, suche mir die ergiebigsten heraus und
bewahre sie für die Zukunft. Man sieht mich oft auf der Pro=
menade und sieht mich lustig und fröhlich. Wie ein reicher
Kaufmann, der händereibendvergnügt zwischen den Kisten,
Fässern und Ballen seines Waarenlagers umherwandelt, so
wandle ich dann unter meinen Leuten. Ihr seid alle die Mei=
nigen! Ihr seid mir alle gleich theuer, und ich liebe Euch,
wie Ihr selbst Euer Geld liebt, und das will viel sagen. Ich
mußte herzlich lachen, als ich jüngst hörte: einer meiner Leute

habe sich besorglich geäußert, er wisse nicht, wovon ich einst leben
würde — und dennoch ist er selbst ein so capitaler Narr, daß
ich von ihm allein schon leben könnte, wie von einem Capitale.
Mancher Narr ist mir aber nicht bloß baares Geld, sondern ich
habe das baare Geld, das ich aus ihm erschreiben kann, schon
zu irgend einem Zwecke bestimmt. So z. B. für einen ge=
wissen, wohlgepolsterten, dicken Millionarrn werde ich mir einen
gewissen, wohlgepolsterten Stuhl anschaffen, den die Franzosen
chaise percée nennen. Für seine dicke Millionärrin kaufe ich
mir ein Pferd. Sehe ich nun den Dicken — ein Kameel kommt
eher ins Himmelreich, als daß dieser Mann durch ein Nadelöhr
geht — sehe ich nun diesen auf der Promenade heranwatscheln,
so wird mir wunderlich zu Muthe, obschon ich ihm ganz unbe=
kannt bin, so grüße ich ihn unwillkürlich, und er grüßt wieder
so herzlich, so einladend, daß ich auf der Stelle von seiner Güte
Gebrauch machen möchte, und doch in Verlegenheit komme wegen
der vielen geputzten Menschen, die just vorbeigehn. Seine
Frau Gemahlin ist gar keine üble Frau — sie hat zwar nur ein
einziges Auge, aber es ist dafür desto grüner, ihre Nase ist wie
der Thurm, der gen Damaskus schaut, ihr Busen ist groß wie
das Meer, und es flattern darauf allerlei Bänder, wie Flaggen
der Schiffe, die in diesen Meerbusen eingelaufen — man wird
seekrank schon durch den bloßen Anblick — ihr Nacken ist gar
hübsch und fettgewölbt wie ein — das vergleichende Bild befin=
det sich etwas tiefer unten — und an der veilchenblauen Gar=
dine, die dieses vergleichende Bild bedeckt, haben gewiß tausend
und abermal tausend Seidenwürmchen ihr ganzes Leben ver=
sponnen. Sie sehen, Madame, welch' ein Roß ich mir an=
schaffe! Begegnet mir die Frau auf der Promenade, so geht
mir ordentlich das Herz auf, es ist mir, als könnt' ich mich
schon aufschwingen, ich schwippe mit der Gerte, schnappe mit
den Fingern, ich schnalze mit der Zunge, ich mache mit den
Beinen allerlei Reuterbewegungen — hopp! hopp! — burr!
burr! — und die liebe Frau sieht mich an so seelenvoll, so ver=

ständnißinnig, sie wiehert mit dem Auge, sie sperrt die Nüstern,
sie kokettirt mit der Croupe, sie kourbettirt, setzt sich plötzlich in
einen kurzen Hundetrapp — Und ich stehe dann mit gekreuzten
Armen, und schaue ihr wohlgefällig nach, und überlege, ob ich
sie auf der Stange reiten soll oder auf der Trense, ob ich ihr
einen englischen oder einen polnischen Sattel geben soll — u. s. w.
— Leute, die mich alsdann stehen sehen, begreifen nicht, was
mich bei der Frau so sehr anzieht.   Zwischentragende Zungen
wollten schon ihren Herrn Gemahl in Unruhe setzen und gaben
Winke, als ob ich seine Ehehälfte mit den Augen eines Roué
betrachte.   Aber meine ehrliche, weichlederne chaise percée soll
geantwortet haben: er halte mich für einen unschuldigen, sogar
etwas schüchternen, jungen Menschen, der ihn mit einer gewissen
Benauigkeit ansähe, wie einer, der das Bedürfniß fühlt, sich
näher anzuschließen, und doch von einer erröthenden Blödigkeit
zurückgehalten wird.   Mein edles Roß meinte hingegen: ich
hätte ein freies, unbefangenes, chevaleresques Wesen, und meine
zuvorgrüßende Höflichkeit bedeute bloß den Wunsch, einmal von
ihnen zu einem Mittagsessen eingeladen zu werden. —

Sie sehen, Madame, ich kann alle Menschen gebrauchen, und
der Adreßkalender ist eigentlich mein Hausinventorium.   Ich
kann daher auch nie bankerott werden, denn meine Gläubiger
selbst würde ich in Erwerbsquellen verwandeln.   Außerdem,
wie gesagt, lebe ich wirklich sehr ökonomisch, verdammt ökono=
misch.   Z. B. während ich dieses schreibe, sitze ich in einer dun=
keln, betrübten Stube auf der Düsternstraße — aber ich er=
trage es gern, ich könnte ja, wenn ich nur wollte, im schönsten
Garten sitzen, eben so gut wie meine Freunde und Lieben; ich
brauchte nur meine Schnapsklienten zu realisiren.   Diese letze=
ren, Madame, bestehen aus verdorbenen Friseuren, herunterge=
kommenen Kupplern, Speisewirthen, die selbst nichts mehr zu
essen haben, lauter Lumpen, die meine Wohnung zu finden
wissen, und für ein wirkliches Trinkgeld mir die Chronique scan=
daleuse ihres Stadtviertels erzählen — Madame, Sie wundern

sich), daß ich solches Volk nicht ein für allemal zur Thür hinaus=
werfe? — Wo denken Sie hin, Madame! Diese Leute sind
meine Blumen. Ich beschreibe sie einst in einem schönen Buche,
für dessen Honorar ich mir einen Garten kaufe, und mit ihren
rothen, gelben, blauen und buntgesprenkelten Gesichtern erschei=
nen sie mir jetzt schon wie Blumen dieses Gartens. Was küm=
mert es mich, daß fremde Nasen behaupten, diese Blumen röchen
nur nach Kümmel, Tabak, Käse und Laster! meine eigne Nase,
der Schornstein meines Kopfes, worin die Phantasie als Ka=
minfeger auf und ab steigt, behauptet das Gegentheil, sie riecht
an jenen Leuten nichts als den Duft von Rosen, Jasminen,
Veilchen, Nelken, Violen — O, wie behaglich werde ich einst
des Morgens in meinem Garten sitzen, und den Gesang der
Vögel behorchen, und die Glieder wärmen an der lieben Sonne,
und einathmen den frischen Hauch des Grünen, und durch den
Anblick der Blumen mich erinnern an die alten Lumpen!

Vor der Hand sitze ich aber noch auf der dunkeln Düstern=
straße in meinem dunkeln Zimmer und begnüge mich in der
Mitte desselben den größten Obscuranten des Landes aufzuhän=
gen — "Mais, est-ce que vous verrez plus clair alors?"
Augenscheinlichement, Madame — doch mißverstehen Sie mich
nicht, ich hänge nicht den Mann selbst, sondern nur die kristallne
Lampe, die ich für das Honorar, das ich aus ihm erschreibe,
mir anschaffen werde. Indessen, ich glaube, es wäre noch
besser und es würde plötzlich im ganzen Lande hell werden, wenn
man die Obscuranten in Natura aufhinge. Kann man aber die
Leute nicht hängen, so muß man sie brandmarken. Ich spreche
wieder figürlich, ich brandmarke in effigie. Freilich, Herr v.
Weiß — er ist weiß und unbescholten wie eine Lilie — hat
sich weiß machen lassen, ich hätte in Berlin erzählt, Er sei wirk=
lich gebrandmarkt; der Narr ließ sich deshalb von der Obrig=
keit besehen und schriftlich geben, daß seinem Rücken kein Wappen
aufgedruckt sei, dieses negative Wappenzeugniß betrachtete er wie
ein Diplom, das ihm Einlaß in die beste Gesellschaft verschaffen

müsse, und wunderte sich, als man ihn dennoch hinauswarf,
und kreischt jetzt Mord und Zeter über mich armen Menschen,
und will mich mit einer geladenen Pistole, wo er mich findet,
todtschießen. — Und was glauben Sie wohl, Madame, was
ich dagegen thue? Madame, für diesen Narren, d. h. für das
Honorar, das ich aus ihm herausschreiben werde, kaufe ich mir
ein gutes Faß Rüdesheimer Rheinwein. Ich erwähne dieses,
damit Sie nicht glauben, es sei Schadenfreude, daß ich so lustig
aussehe, wenn mir Herr v. Weiß auf der Straße begegnet.
Wahrhaftig, ich sehe in ihm nur meinen lieben Rüdesheimer,
sobald ich ihn erblicke, wird mir wonnig und angenehm zu
Muthe, und ich trällere unwillkürlich: „am Rhein, am Rhein,
da wachsen unsre Reben —" „Dies Bildniß ist bezaubernd
schön" — „O weiße Dame — —" Mein Rüdesheimer schaut
alsdann sehr sauer, und man sollte glauben, er bestände nur
aus Gift und Galle — Aber, ich versichere Sie, Madame, es
ist ein echtes Gewächs, findet sich auch das Beglaubigungs=
wappen nicht eingebrannt, so weiß doch der Kenner es zu wür=
digen, ich werde dieses Fäßchen gar freudig anzapfen und wenn
es allzubedrohlich gährt und auf eine gefährliche Weise zersprin=
gen will, so soll es von Amtswegen mit einigen eisernen Reifen
gesichert werden.

Sie sehen also, Madame, für mich brauchen Sie nichts zu
besorgen. Ich kann alles ruhig ansehen in dieser Welt. Der
Herr hat mich gesegnet mit irdischen Gütern, und wenn er mir
auch den Wein nicht ganz bequem in den Keller geliefert
hat, so erlaubt er mir doch in seinem Weinberge zu arbeiten,
ich brauche nur die Trauben zu lesen, zu keltern, zu pressen, zu
bütten, und ich habe dann die klare Gottesgabe; und wenn mir
auch nicht die Narren gebraten in's Maul fliegen, sondern wie
gewöhnlich roh und abgeschmackt entgegenlaufen, so weiß ich sie
doch so lange am Spieße herumzudrehen, zu schmoren, zu
pfeffern, bis sie mürbe und genießbar werden. Sie sollen Ihre
Freude haben, Madame, wenn ich mal eine große Fête gebe.

Madame, Sie sollen meine Küche loben. Sie sollen gestehen,
daß ich meine Satrapen eben so pompöse bewirthen kann, wie
einst der große Ahasveros, der da König war, von Indien bis
zu den Mohren, über hundert und sieben und zwanzig Provinzen.
Ganze Hekatomben von Narren werde ich einschlachten. Jener
große Philoschnaps, der, wie einst Jupiter, in der Gestalt eines
Ochsen, um den Beifall Europa's buhlt, liefert den Ochsen-
braten ; ein trauriger Trauerspieldichter, der auf den Brettern,
die ein traurig persisches Reich bedeuteten, uns einen traurigen
Alexander gezeigt hat, liefert meiner Tafel einen ganz vorzüglichen Schweinskopf, wie gewöhnlich sauersüßlächelnd mit einer
Citronenscheibe im Maul, und von der kunstverständigen Köchin
mit Lorbeer-Blättern bedeckt ; der Sänger der Korallenlippen,
Schwanenhälse, hüpfenden Schneehügelchen, Dingelchen, Wäd-
chen, Mimilichen, Küßchen und Assessorchen, nämlich H. Clauren, oder wie ihn auf der Friedrichstraße die frommen Bernhardinerinnen nennen, „Vater Clauren ! unser Clauren !" dieser
Echte liefert mir all' jene Gerichte, die er in seinen jährlichen
Taschenbordellchen mit der Phantasie einer näscherischen Küchen-
jungfer, so jettlich zu beschreiben weiß, und er giebt uns noch
ein ganz besonderes Extra-Schüsselchen mit einem Sellerie-Ge-
müschen, „wonach einem das Herzchen vor Liebe puppert !"
eine kluge, dürre Hofdame, wovon nur der Kopf genießbar ist,
liefert uns ein analoges Gericht, nämlich Spargel ; und es wird
kein Mangel sein an Göttinger Wurst, Hamburger Rauch-
fleisch, pommerschen Gänsebrüsten, Ochsenzungen, gedämpften
Kalbshirn, Rindsmaul, Stockfisch, und allerlei Sorten Gelee,
Berliner Pfannkuchen, Wiener Torten, Confitüren —
    Madame, ich habe mir schon in Gedanken den Magen über-
laden ! Der Henker hole solche Schlemmerei ! Ich kann nicht
viel vertragen. Meine Verdauung ist schlecht. Der Schweinskopf wirkt auf mich wie auf das übrige deutsche Publikum —
ich muß einen Willibald Alexis-Salat darauf essen, der reinigt
— O ! der unselige Schweinskopf mit der noch unseligeren

Sauce, die weder griechisch noch persisch, sondern wie Thee mit
grüner Seife schmeckt; — Ruft mir meinen dicken Millionarrn!

Fünfzehntes Kapitel.

Madame, ich bemerke eine leichte Wolke des Unmuths auf
Ihrer schönen Stirne, und Sie scheinen zu fragen: ob es nicht
Unrecht sei, daß ich die Narren solchermaßen zurichte, an den
Spieß stecke, zerhacke, spicke, und viele sogar hinschlachte, die ich
unverzehrt liegen lassen muß, und die nun den scharfen Schnä=
beln der Spaßvögel zum Raube dienen, während die Wittwen
und Waisen heulen und jammern —

Madame, c'est la guerre! Ich will Ihnen jetzt das ganze
Räthsel lösen: Ich selbst bin zwar keiner von den vernünftigen,
aber ich habe mich zu dieser Parthei geschlagen, und seit 5588
Jahren führen wir Krieg mit den Narren. Die Narren glau=
ben sich von uns beeinträchtigt, indem sie behaupten: es gäbe
in der Welt nur eine bestimmte Dosis Vernunft, diese ganze
Dosis hätten nun die Vernünftigen, Gott weiß wie! usurpirt,
und es sei himmelschreiend, wie oft ein einziger Mensch so viel
Vernunft an sich gerissen habe, daß seine Mitbürger und das
ganze Land rund um ihn her ganz obscur geworden. Dies ist
die geheime Ursache des Krieges, und es ist ein wahrer Vertil=
gungskrieg. Die Vernünftigen zeigen sich, wie gewöhnlich, als
die ruhigsten, mäßigsten und vernünftigsten, sie sitzen festver=
schanzt in ihren altaristotelischen Werken, haben viel Geschütz,
haben auch Munition genug, denn sie haben ja selbst das Pulver
erfunden, und dann und wann werfen sie wohlbewiesene Bomben
unter ihre Feinde. Aber leider sind die letzteren allzuzahlreich,
und ihr Geschrei ist groß, und täglich verüben sie Greuel; wie
denn wirklich jede Dummheit dem Vernünftigen ein Greuel ist.
Ihre Kriegslisten sind oft von sehr schlauer Art. Einige Häupt=
linge der großen Armee hüten sich wohl, die geheime Ursache des

Krieges einzugestehen. Sie haben gehört, ein bekannter, fal=
scher Mann, der es in der Falschheit so weit gebracht hatte, daß
er am Ende sogar falsche Memoiren schrieb, nämlich Fouché,
habe mal geäußert: les paroles sont faites pour cacher nos
pensées; und nun machen sie viele Worte, um zu verbergen,
daß sie überhaupt keine Gedanken haben, und halten lange Re=
den und schreiben dicke Bücher, und wenn man sie hört, so prei=
sen sie die alleinseligmachende Quelle der Gedanken, nämlich die
Vernunft, und wenn man sie sieht, so treiben sie Mathematik,
Logik, Statistik, Maschinen=Verbesserung, Bürgersinn, Stall=
fütterung u. s. w. — und wie der Affe um so lächerlicher wird,
je mehr er sich mit dem Menschen ähnlich zeigt, so werden auch
jene Narren desto lächerlicher, je vernünftiger sie sich gebehrden.
Andre Häuptlinge der großen Armee sind offenherziger, und ge=
stehen, daß ihr Vernunfttheil sehr gering ausgefallen, daß sie
vielleicht gar nichts von der Vernunft abbekommen, indessen
können sie nicht umhin, zu versichern, die Vernunft sei sehr
sauer und im Grunde von geringem Werthe. Dies mag viel=
leicht wahr sein, aber unglücklichermaßen haben sie nicht mal so
viel Vernunft, als dazu gehört, es zu beweisen. Sie greifen
daher zu allerlei Aushülfe, sie entdecken neue Kräfte in sich, er=
klären, daß solche eben so wirksam seien, wie die Vernunft, ja
in gewissen Nothfällen noch wirksamer, z. B. das Gemüth, der
Glauben, die Inspiration u. s. w., und mit diesem Vernunft=
surrogat, mit dieser Runkelrübenvernunft trösten sie sich. Mich
Armen hassen sie aber ganz besonders, indem sie behaupten: ich
sei von Haus aus einer der Ihrigen, ich sei ein Abtrünniger,
ein Ueberläufer, der die heiligsten Bande zerrissen, ich sei jetzt
sogar ein Spion, der heimlich auskundschafte, was sie, die
Narren, zusammen treiben, um sie nachher dem Gelächter seiner
neuen Genossen preis zu geben, und ich sei so dumm, nicht ein=
mal einzusehen, daß diese zu gleicher Zeit über mich selbst lachen
und mich nimmermehr für ihres Gleichen halten. — Und da
haben die Narren vollkommen Recht.

Es ist wahr, jene halten mich nicht ihres Gleichen und mir gilt oft ihr heimliches Gekicher. Ich weiß es sehr gut, aber ich laß mir nichts merken. Mein Herz blutet dann innerlich, und wenn ich allein bin, fließen drob meine Thränen. Ich weiß es sehr gut, meine Stellung ist unnatürlich; alles, was ich thue, ist den Vernünftigen eine Thorheit und den Narren ein Greuel. Sie hassen mich und ich fühle die Wahrheit des Spruches: „Stein ist schwer und Sand ist Last, aber der Narren Zorn ist schwerer denn die beide.“ Und sie hassen mich nicht mit Unrecht. Es ist vollkommen wahr, ich habe die heiligsten Bande zerrissen, von Gott und Rechtswegen hätte ich unter den Narren leben und sterben müssen. Und ach! ich hätte es unter diesen Leuten so gut gehabt! Sie würden mich, wenn ich umkehren wollte, noch immer mit offenen Armen empfangen. Sie würden mir an den Augen absehen, was sie mir nur irgend Liebes erweisen könnten. Sie würden mich alle Tage zu Tische laden und des Abends mitnehmen in ihre Theegesellschaften und Clubs, und ich könnte mit ihnen Whist spielen, Tabak rauchen, politisiren, und wenn ich dabei gähnte, hieße es hinter meinem Rücken: „welch schönes Gemüth! eine Seele voll Glauben!“ — erlauben Sie mir, Madame, daß ich eine Thräne der Rührung weihe — ach! und ich würde Punsch mit ihnen trinken, bis die rechte Inspiration käme, und dann brächten sie mich in einer Portechaise wieder nach Hause, ängstlich besorgt, daß ich mich nicht erkälte, und der Eine reichte mir schnell die Pantoffeln, der Andere den seidenen Schlafrock, der Dritte die weiße Nachtmütze, und sie machten mich dann zum Professor extraordinarius, oder zum Präsidenten einer Bekehrungsgesellschaft, oder zum Oberkalkulator, oder zum Direktor von römischen Ausgrabungen; — denn ich wäre so recht ein Mann, den man in allen Fächern gebrauchen könnte, sintemal ich die lateinischen Deklinationen sehr gut von den Conjugationen unterscheiden kann, und nicht so leicht wie andere Leute einen preußischen Postillonsstiefel für eine etruscische Vase ansehe. Mein Gemüth, mein Glauben, meine

Inspiration könnten noch außerdem in den Betstunden viel Gutes wirken, nämlich für mich; nun gar mein ausgezeichnet poeti= sches Talent würde mir gute Dienste leisten bei hohen Geburts= tagen und Vermählungen, und es wär' gar nicht übel, wenn ich, in einem großen National=Epos, alle jene Helden besänge, wovon wir ganz bestimmt wissen, daß aus ihren verwes'ten Leichnamen Würmer gekrochen sind, die sich für ihre Nachkom= men ausgeben.

Manche Leute, die keine geborene Narren und einst mit Ver= nunft begabt gewesen, sind solcher Vorurtheile wegen zu den Narren übergegangen, leben bei ihnen ein wahres Schlaraffen= leben, die Thorheiten, die ihnen anfänglich noch immer einige Ueberwindung gekostet, sind ihnen stets schon zur zweiten Natur geworden, ja sie sind nicht mehr als Heuchler, sondern als wahre Gläubige zu betrachten. Einer derselben, in dessen Kopf noch keine gänzliche Sonnenfinsterniß eingetreten, liebt mich sehr, und jüngsthin, als ich bei ihm allein war, verschloß er die Thüre und sprach zu mir mit ernster Stimme: „O Thor, der du den Weisen spielst und dennoch nicht so viel Verstand hast wie ein Rekrut im Mutterleibe! weißt du denn nicht, daß die Großen des Landes nur denjenigen erhöhen, der sich selbst erniedrigt und ihr Blut für besser rühmt als das seinige. Und nun gar ver= dirbst du es mit den Frommen des Landes! Ist es denn so überaus schwer, die gnadenseligen Augen zu verdrehen, die gläu= bigverschränkten Hände in die Rockärmel zu vermuffen, das Haupt wie ein Lamm Gottes herabhängen zu lassen, und aus= wendiggelernte Bibelsprüche zu wispern! Glaub' mir, keine Hocherlauchte wird dich für deine Gottlosigkeit bezahlen, die Männer der Liebe werden dich hassen, verleumden und verfol= gen, und du machst keine Carriere, weder im Himmel noch auf Erden!"

Ach! das ist alles wahr! Aber ich hab' nun mal diese un= glückliche Passion für die Vernunft! Ich liebe sie, obgleich sie mich nicht mit Gegenliebe beglückt. Ich gebe ihr Alles und sie

gewährt mir nichts. Ich kann nicht von ihr lassen. Und wie
einst der jüdische Salomon im Hohenliede die christliche Kirche
besungen, und zwar unter dem Bilde eines schwarzen, liebe=
glühenden Mädchens, damit seine Juden nichts merkten; so habe
ich in unzähligen Liedern just das Gegentheil, nämlich die Ver=
nunft, besungen, und zwar unter dem Bilde einer weißen, kalten
Jungfrau, die mich anzieht und abstößt, mir bald lächelt, bald
zürnt, und mir endlich gar den Rücken kehrt. Dieses Geheim=
niß meiner unglücklichen Liebe, das ich Niemanden offenbare,
giebt Ihnen, Madame, einen Maßstab zur Würdigung meiner
Narrheit, Sie sehen daraus, daß solche von außerordentlicher
Art ist, und großartig hervorragt über das gewöhnliche närrische
Treiben der Menschen. Lesen Sie meinen Ratcliff, meinen
Almansor, mein lyrisches Intermezzo — Vernunft! Vernunft!
nichts als Vernunft! — und Sie erschrecken ob der Höhe meiner
Narrheit. Mit den Worten Agurs, des Sohnes Jake, kann
ich sagen: „Ich bin der Allernärrischste und Menschenverstand
ist nicht bei mir.“ Hoch in die Lüfte hebt sich der Eichwald,
hoch über den Eichwald schwingt sich der Adler, hoch über dem
Adler ziehen die Wolken, hoch über den Wolken blitzen die
Sterne — Madame, wird Ihnen das nicht zu hoch? eh bien —
hoch über den Sternen schweben die Engel, hoch über den Engeln
ragt — nein, Madame, höher kann es meine Narrheit nicht
bringen. Sie bringt es hoch genug! Ihr schwindelt vor ihrer
eignen Erhabenheit. Sie macht mich zum Riesen mit Sieben=
meilenstiefeln. Mir ist des Mittags zu Muthe, als könnte ich
alle Elephanten Hindostan's aufessen und mir mit dem Straß=
burger Münster die Zähne stochern; des Abends werde ich so
sentimental, daß ich die Milchstraße des Himmels aussaufen
möchte, ohne zu bedenken, daß einem die kleinen Fixsterne sehr
unverdaulich im Magen liegen bleiben; und des Nachts geht
der Spettakel erst recht los, in meinem Kopf giebt's dann einen
Congreß von allen Völkern der Gegenwart und Vergangenheit,
es kommen die Assyrer, Egypter, Meder, Perser, Hebräer, Phi=

lifter, Frankfurter, Babylonier, Kartager, Berliner, Römer, Spartaner, Türken, Kümmeltürken. — Madame, es wäre zu weitläufig, wenn ich Ihnen all diese Völker beschreiben wollte, lesen Sie nur den Herodot, den Livius, die Haude- und Spenersche Zeitung, den Curtius, den Cornelius Nepos, den Gesellschafter. — Ich will unterdessen frühstücken, es will heute Morgen mit dem Schreiben nicht mehr so lustig fortgehn, ich merke, der liebe Gott läßt mich im Stich — Madame, ich fürchte sogar, Sie haben es früher bemerkt als ich — ja, ich merke, die rechte Gotteshülfe ist heute noch gar nicht da gewesen. - - Madame, ich will ein neues Kapitel anfangen und Ihnen erzählen, wie ich nach dem Tode Le Grand's in Godesberg ankam.

Sechszehntes Kapitel.

Als ich zu Godesberg ankam, setzte ich mich wieder zu den Füßen meiner schönen Freundin — und neben mir legte sich ihr brauner Dachshund — und wir beide sahen hinauf in ihr Auge.

Heiliger Gott! in diesem Auge lag alle Herrlichkeit der Erde und ein ganzer Himmel obendrein. Vor Seligkeit hätte ich sterben können, während ich in jenes Auge blickte, und starb ich in solchem Augenblicke, so flog meine Seele direkt in jenes Auge. O, ich kann jenes Auge nicht beschreiben! Ich will mir einen Poeten, der vor Liebe verrückt geworden ist, aus dem Tollhause kommen lassen, damit er aus dem Abgrund des Wahnsinns ein Bild heraufhole, womit ich jenes Auge vergleiche. — Unter uns gesagt, ich wäre wohl selbst verrückt genug, daß ich zu einem solchen Geschäfte keines Gehülfen bedürfte. God d—n! sagte mal ein Engländer, wenn sie einen so recht ruhig von oben bis unten betrachtet, so schmelzen einem die kupfernen Knöpfe des Fracks und das Herz obendrein. F—e! sagte ein Franzose, sie hat Augen vom größten Kaliber, und wenn so ein dreißig-

pfünder Blick herausschießt, krach! so ist man verliebt. Da
war ein rothköpfiger Advokat aus Mainz, der sagte: ihre Augen
sehen aus wie zwei Tassen schwarzen Kaffee — Er wollte etwas
sehr Süßes sagen, denn er warf immer unmenschlich viel Zucker
in seinen Kaffee — Schlechte Vergleiche. — Ich und der braune
Dachshund lagen still zu den Füßen der schönen Frau, und
schauten und horchten. Sie saß neben einem alten, eisgrauen
Soldaten, einer ritterlichen Gestalt mit Quernarben auf der ge=
furchten Stirne. Sie sprachen beide von den sieben Bergen,
die das schöne Abendroth bestrahlte, und von dem blauen Rhein,
der unfern groß und ruhig vorbeifluthete — Was kümmerte uns
das Siebengebirge, und das Abendroth und der blaue Rhein,
und die segelweißen Kähne, die darauf schwammen, und die
Musik, die aus einem Kahne erscholl, und der Schafskopf von
Student, der darin so schmelzend und lieblich sang — ich und
der braune Dachs, wir schauten in das Auge der Freundin und
betrachteten ihr Antlitz, das aus den schwarzen Flechten und
Locken, wie der Mond aus dunkeln Wolken, rosigbleich hervor=
glänzte — Es waren hohe, griechische Gesichtszüge, kühngewölbte
Lippen, umspielt von Wehmuth, Seligkeit und kindischer Laune,
und wenn sie sprach, so wurden die Worte etwas tief, fast seuf=
zend angehaucht und dennoch ungeduldig rasch hervorgestoßen —
und wenn sie sprach, und die Rede wie ein warmer heiterer
Blumenregen aus dem schönen Munde herniederflockte — O!
dann legte sich das Abendroth über meine Seele, es zogen hin=
durch mit klingendem Spiel die Erinnerungen der Kindheit, vor
allem aber, wie Glöcklein, erklang in mir die Stimme der klei=
nen Veronika — und ich ergriff die schöne Hand der Freundin,
und drückte sie an meine Augen, bis das Klingen in meiner Seele
vorüber war — und dann sprang ich auf und lachte, und der Dachs
bellte, und die Stirne des alten Generals furchte sich ernster,
und ich setzte mich wieder und ergriff wieder die schöne Hand und
küßte sie und erzählte und sprach von der kleinen Veronika.

Siebenzehntes Kapitel.

Madame, Sie wünschen, daß ich erzähle, wie die kleine Veronika ausgesehen hat. Aber ich will nicht. Sie, Madame,
können nicht gezwungen werden, weiter zu lesen als Sie wollen,
und ich habe wiederum das Recht, daß ich nur dasjenige zu
schreiben brauche, was ich will. Ich will aber jetzt erzählen,
wie die schöne Hand aussah, die ich im vorigen Kapitel geküßt
habe.

Zuvörderst muß ich eingestehen: — ich war nicht werth diese
Hand zu küssen. Es war eine schöne Hand, so zart, durchsichtig, glänzend, süß, duftig, sanft, lieblich — wahrhaftig ich muß
nach der Apotheke schicken, und mir für zwölf Groschen Bei-
wörter kommen lassen.

Auf dem Mittelfinger saß ein Ring mit einer Perle — ich
sah nie eine Perle, die eine kläglichere Rolle spielte — auf dem
Goldfinger trug sie einen Ring mit einer blauen Antike — ich
habe Stunden lang Archäologie daran studirt — auf dem Zeige-
finger trug sie einen Diamant — es war ein Talisman, so lange
ich ihn sah, war ich glücklich, denn wo er war, war ja auch der
Finger, nebst seinen vier Collegen — und mit allen fünf Fingern schlug sie mir oft auf den Mund. Seitdem ich solchermaßen manupolirt worden, glaube ich steif und fest an den
Magnetismus. Aber sie schlug nicht hart, und wenn sie schlug,
hatte ich es immer verdient durch irgend eine gottlose Redensart, und wenn sie mich geschlagen hatte, so bereuete sie es gleich
und nahm einen Kuchen, brach ihn entzwei, und gab mir die
eine und dem braunen Dachse die andere Hälfte, und lächelte
dann und sprach: „Ihr beide habt keine Religion und werdet
nicht selig, und man muß Euch auf dieser Welt mit Kuchen
füttern, da für Euch im Himmel kein Tisch gedeckt wird." So
halb und halb hatte sie Recht, ich war damals sehr irreligiös
und las den Thomas Paine, das Système de la nature, den
westphälischen Anzeiger und den Schleiermacher, und ließ mir

den Bart und den Verstand wachsen, und wollte unter die Na=
tionalisten gehen.   Aber wenn mir die schöne Hand über die
Stirne fuhr, blieb mir der Verstand stehen, und süßes Träumen
erfüllte mich, und ich glaubte wieder fromme Marienliedchen zu
hören, und ich dachte an die kleine Veronika.

Madame, Sie können sich kaum vorstellen, wie hübsch die
kleine Veronika aussah, als sie in dem kleinen Särglein lag.
Die brennenden Kerzen, die rund umherstanden, warfen ihren
Schimmer auf das bleiche lächelnde Gesichtchen und auf die
rothseidenen Röschen und rauschenden Goldflitterchen, womit
das Köpfchen und das weiße Todtenhemdchen verziert war —
die fromme Ursula hatte mich Abends in das stille Zimmer ge=
führt, und als ich die kleine Leiche, mit den Lichtern und Blu=
men, auf dem Tische ausgestellt sah, glaubte ich Anfangs, es sei
ein hübsches Heiligenbildchen von Wachs! doch bald erkannte ich
das liebe Antlitz, und frug lachend: warum die kleine Veronika
so still sei? und die Ursula sagte: das thut der Tod.

Und als sie sagte: das thut der Tod — Doch ich will heute
diese Geschichte nicht erzählen, sie würde sich zu sehr in die Länge
ziehen, ich müßte auch vorher von der lahmen Elster sprechen,
die auf dem Schloßplatze herumhinkte und drei Hundert Jahr'
alt war, und ich könnte ordentlich melancholisch werden. — Ich
bekomme plötzlich Lust, eine andere Geschichte zu erzählen, und
die ist lustig, und paßt auch an diesen Ort, denn es ist die eigent=
liche Geschichte, die in diesem Buche vorgetragen werden sollte.

Achtzehntes Kapitel.

In der Brust des Ritters war nichts als Nacht und Schmerz.
Die Dolchstiche der Verleumdung hatten ihn gut getroffen, und
wie er dahinging, über den Sanct Marcusplatz, war ihm zu
Muthe, als wollte sein Herz brechen und verbluten.   Seine
Füße schwankten vor Müdigkeit — das edle Wild war den

ganzen Tag gehetzt worden, und es war ein heißer Sommer=
tag — der Schweiß lag auf seiner Stirne, und als er in die
Gondel stieg, seufzte er tief. Er saß gedankenlos in dem schwar=
zen Gondelzimmer, gedankenlos schaukelten ihn die weichen
Wellen, und trugen ihn den wohlbekannten Weg hinein in die
Brenta — und als er vor dem wohlbekannten Palaste ausstieg,
hörte er: Signora Laura sei im Garten.

Sie stand, gelehnt an die Statue des Laokoon, neben dem
rothen Rosenbaum, am Ende der Terrasse, unfern von den
Trauerweiden, die sich wehmüthig herabbeugen über den vorbei=
ziehenden Fluß. Da stand sie lächelnd, ein weiches Bild der
Liebe, umduftet von Rosen. Er aber erwachte wie aus einem
Traume, und war plötzlich wie umgewandelt in Milde und
Sehnsucht, „Signora Laura!" — sprach er — „ich bin elend
und bedrängt von Haß und Noth und Lüge" — und dann stockte
er, und stammelte: — „aber ich liebe Euch" — und dann schoß
eine freudige Thräne in sein Auge, und mit feuchten Augen und
flammenden Lippen rief er: — „sei mein Mädchen und liebe
mich!"

Es liegt ein geheimnißdunkler Schleier über dieser Stunde,
kein Sterblicher weiß, was Signora Laura geantwortet hat, und
wenn man ihren guten Engel im Himmel darob befragt, so ver=
hüllt er sich und seufzt und schweigt.

Einsam stand der Ritter noch lange bei der Statue des Lao=
koon, sein Antlitz war eben so verzerrt und weiß, bewußtlos ent=
blätterte er alle Rosen des Rosenbaums, er zerknickte sogar die
jungen Knospen — der Baum hat nie wieder Blüthen getra=
gen — in der Ferne klagte eine wahnsinnige Nachtigall, die
Trauerweiden flüsterten ängstlich, dumpf murmelten die kühlen
Wellen der Brenta, die Nacht kam heraufgestiegen mit ihrem
Mond und ihren Sternen — ein schöner Stern, der schönste
von allen, fiel vom Himmel herab.

———————

Neunzehntes Kapitel.

Vous pleurez, Madame?

O, mögen die Augen, die jetzt so schöne Thränen vergießen,
noch lange die Welt mit ihren Strahlen erleuchten, und eine
warme, liebe Hand möge sie einst zudrücken in der Stunde des
Todes! Ein weiches Sterbekissen, Madame, ist auch eine gute
Sache in der Stunde des Todes, und möge Ihnen alsdann
nicht fehlen; und wenn das schöne, müde Haupt darauf nieder=
sinkt und die schwarzen Locken herabwallen über das verblei=
chende Antlitz: O, dann möge Ihnen Gott die Thränen ver=
gelten, die für mich geflossen sind — denn ich bin selber der
Ritter, für den Sie geweint haben, ich bin selber jener irrende
Ritter der Liebe, der Ritter vom gefallenen Stern.

Vous pleurez, Madame?

O, ich kenne diese Thränen! Wozu soll die längere Ver=
stellung? Sie, Madame, sind ja selbst die Frau, die schon in
Godesberg so lieblich geweint hat, als ich das trübe Mährchen
meines Lebens erzählte — Wie Perlen über Rosen, rollten die
schönen Thränen über die schönen Wangen — der Dachs schwieg,
das Abendgeläute von Königswinter verhallte, der Rhein mur=
melte leiser, die Nacht bedeckte die Erde mit ihrem schwarzen
Mantel, und ich saß zu Ihren Füßen, Madame, und sah in die
Höhe, in den gestirnten Himmel. — Im Anfang hielt ich Ihre
Augen ebenfalls für zwei Sterne — Aber wie kann man solche
schöne Augen mit Sternen verwechseln? Diese kalten Lichter
des Himmels können nicht weinen über das Elend eines Men=
schen, der so elend ist, daß er nicht mehr weinen kann.

Und ich hatte noch besondere Gründe, diese Augen nicht zu
verkennen — in diesen Augen wohnte die Seele der kleinen
Veronika.

Ich habe nachgerechnet, Madame, Sie sind geboren just an
dem Tage, als die kleine Veronika starb. Die Johanna in
Andernach hatte mir vorausgesagt, daß ich in Godesberg die

kleine Veronika wiederfinden würde — Und ich habe sie gleich
wieder erkannt. — Das war ein schlechter Einfall, Madame,
daß Sie damals starben, als die hübschen Spiele erst recht los=
gehen sollten. Seit die fromme Ursula mir gesagt, „das thut
der Tod," ging ich allein und ernsthaft in der großen Gemälde=
gallerie umher, die Bilder wollten mir nicht mehr so gut ge=
fallen wie sonst, sie schienen mir plötzlich verblichen zu sein, nur
ein einziges hatte Farbe und Glanz behalten. — Sie wissen,
Madame, welches Stück ich meine: —

Es ist der Sultan und die Sultanin von Delhi.

Erinnern Sie sich, Madame, wie wir oft Stundenlang da=
vor standen, und die fromme Ursula so wunderlich schmunzelte,
wenn es den Leuten auffiel, daß die Gesichter auf jenem Bilde
mit den unsrigen so viel Aehnlichkeit hatten? Madame, ich
finde, daß Sie auf jenem Bilde recht gut getroffen waren, und
es ist unbegreiflich, wie der Maler Sie sogar bis auf die Klei=
dung darstellte, die Sie damals getragen. Man sagt, er sei
wahnsinnig gewesen und habe Ihr Bild geträumt. Oder saß
eine Seele vielleicht in dem großen, heiligen Affen, der Ihnen
damals, wie ein Jokey, aufwartete? — in diesem Falle mußte
er sich wohl des silbergrauen Schleiers erinnern, den er einst
mit rothem Wein überschüttet und verdorben hat. — Ich war
froh, daß Sie ihn ablegten, er kleidete Sie nicht sonderlich, wie
denn überhaupt die europäische Tracht für Frauenzimmer viel
kleidsamer ist, als die indische. — Freilich, schöne Frauen
sind schön in jeder Tracht. Erinnern Sie sich, Madame, daß
ein galanter Bramine — er sah aus wie Ganesa, der Gott mit
dem Elephantenrüssel, der auf einer Maus reitet — Ihnen einst
das Compliment gemacht hat: die göttliche Maneka, als sie,
aus Indrahs goldner Burg, zum königlichen Büßer Wiswamitra
hinabgestiegen, sei gewiß nicht schöner gewesen als Sie, Madame!

Sie erinnern sich dessen nicht mehr? Es sind ja kaum 3000
Jahre, seitdem Ihnen dieses gesagt worden, und schöne Frauen
pflegen sonst eine zarte Schmeichelei nicht so schnell zu vergessen.

Indessen für Männer ist die indische Tracht weit kleidsamer als die europäische. O, meine rosarothen, lotosgeblümten Pantalons von Delhi! hätte ich Euch getragen, als ich vor Signora Laura stand und um Liebe flehte — das vorige Capitel hätte anders gelautet! Aber, ach! ich trug damals strohgelbe Pantalons, die ein nüchterner Chinese in Nanking gewebt — mein Verderben war hineingewebt — und ich wurde elend.

Oft sitzt ein junger Mensch in einem kleinen deutschen Kaffeestübchen und trinkt ruhig seine Tasse Kaffee, und unterdessen im weiten, fernen China wächst und blüht sein Verderben, und wird dort gesponnen und verwebt, und trotz der hohen, chinesischen Mauer weiß es seinen Weg zu finden zu dem jungen Menschen, der es für ein paar Nankinghosen hält und diese arglos anzieht und elend wird — Und, Madame, in der kleinen Brust eines Menschen kann sich gar viel Elend verstecken, und so gut versteckt halten, daß der arme Mensch selbst es tagelang nicht fühlt, und guter Dinge ist, und lustig tanzt und pfeift und trällert — lalarallala, lalarallala, lalaral — la — la — la.

Zwanzigstes Kapitel.

Sie war liebenswürdig, und Er liebte Sie; Er aber
war nicht liebenswürdig und Sie liebte Ihn nicht.
(Altes Stück.)

Und wegen dieser dummen Geschichte haben sie sich todtschießen wollen? Madame, wenn ein Mensch sich todtschießen will, so hat er dazu immer hinlängliche Gründe; darauf können Sie sich verlassen. Aber ob er selbst diese Gründe kennt, das ist die Frage. Bis auf den letzten Augenblick spielen wir Comödie mit uns selber. Wir maskiren sogar unser Elend, und während wir an einer Brustwunde sterben, klagen wir über Zahnweh.

Madame, Sie wissen gewiß ein Mittel gegen Zahnweh?

Ich aber hatte Zahnweh im Herzen. Das ist ein schlimmes

Uebel, und da hilft sehr gut das Füllen mit Blei und das Zahn=
pulver, das Barthold Schwarz erfunden hat.

Wie ein Wurm nagte das Elend in meinem Herzen, und
nagte — der arme Chinese trägt keine Schuld, ich habe dieses
Elend mit mir zur Welt gebracht. Es lag schon mit mir in
der Wiege, und wenn meine Mutter mich wiegte, so wiegte sie
es mit, und wenn sie mich in den Schlaf sang, so schlief es mit
mir ein, und es erwachte, sobald ich wieder die Augen auf=
schlug. Als ich größer wurde, wuchs auch das Elend und
wurde endlich ganz groß, und zersprengte mein —

Wir wollen von andern Dingen sprechen, vom Jungfern=
kranz, von Maskenbällen, von Lust und Hochzeitsfreude — la=
larallala, lalarallala, lalaral — la — la — la. —

NOTES.

I. Die Harzreise.

☞ The heavy figures refer to the number of the page; the ordinary figures to the line.

4. 8. **Karzer** — University prison (Lat. carcer). 16. **Konfiliirt** — "Summoned." 18. **Schnurren** — Beggars. 19. **Theedansants** — tea-parties with dancing. 20. **Guelfenorden** — Guelfic orders. The House of Hanover, in which province Göttingen was situated, belonged to the party of the Guelfs as opposed to the Ghibellines. The Guelfs sided with the Popes against the German Emperors; the Ghibellines supported the Emperors. 6. **Taubenbraten** — Roasted pigeon — Heine's favorite dish, says his biographer Strodtmann. 20. **Promozionskutschen** — Tutors engaged in "coaching up" students. 21. **Relegazionsräthen** — "Counsellors of rustication." 21. **Profaxen** — Fooleries and "pro-fooleries" (the word is Heine's). 26. **Teutones 2c.** — Allusions to names of student-clubs. 29. **Rasenmühle 2c.** — Names of villages near Göttingen. 32. **Duces** — Leaders (Lat. dux).

5. 2. **Comment** — Students' code. 2. **Legibus 2c.** — In the laws of the barbarians. 4. **Philister** — Shopkeepers, townspeople as opposed to students. 6. **Ordentliche** regular and "irregular" professors. 8. **Nichts weniger** — anything but. **Akademischen 2c.** — The Collegiate Court of Justice. 23. **Als hätten** — as if the Göttingen ladies did not have, etc. 27. **Excerpirt** — made extracts. 29. **So** — Old German relative = which. 30. **1° 2c.** — primo, secundo, tertio, quarto, quinto, sexto, septimo. 34. **Ullrich's** — A beer-garden in Göttingen.

6. 9. **Citaten** — Quotations (Göttingen was famous in Heine's day for its quotation-loving professors). 22. **Notizenstolz** — Narrow-minded pride of learning. 22. **Georgia Augusta** — The University of Göttingen was founded by George II.

of England and Hanover in 1734, and was called the "Georgia Augusta." 23. **Chauffée** — Highway. 26. **Pandektenſtall** — "Stall of legal lore"; term of contempt for the Göttingen law-course; allusion to the law-code of Justinian—the *Pandects* —there studied. 31. **Tribonian ꝛc.** -- Tribonian, Justinian, Hermogenian and "Blockheadian." 33. **Corpusjuris** -- Copy of the Corpus Juris, or Roman Law with "hand-clasps."

7. 3. **Geßner** — A Swiss painter-poet (1730—88) who wrote *Daphnis, Idyls, etc.* 8. **Privatdocenten** — Private teachers (*privatim docens*). 9. **Kollegialiſch** — Like an old colleague. 13. **Kreide** — to write the "summons" with chalk, etc. 19. **Semeſterwelle** — One session, etc. 24. **Rauſchenwaſſer, Mörten** — Names of towns. 32. **Roſſini'ſche** — By Rossini.

8. 13. **Anſtändigkeiten** — Polite things. 14. **Hand= gemein** — Hand in hand. 17. **Colibri** — (French) "Humming-bird." 24. **Wirthshausſonne** — The Sun Inn. 26. **Gerichte** — Used in double sense ; "dishes," "literary pabulum"; and courts of justice. 34. **Grünſpan** — Verdigris.

9. 7. **Quadratmeilen** — Mile-square face. 10. **Auf= geſtapelter** — Extensive. 11. **Vielzackig** — Many-cornered collar. 19. **Lüneburger** — Lüneburger Heath, where Heine's parents were then (1824) residing. 25. **Sonnenwirth** — Sun inn-keeper. 30. **Braunſchweiger** —Brunswick.

10. 3. **Oſterode, Nordheim ꝛc.** — Names of towns in the Harz region. 6. **Träume** —Dreams were Heine's favorite agency for satire. The present dream ridicules the teaching of the Roman Law at Göttingen. 7. **Juriſtiſchen Saales, Facul= tät ꝛc.** — Hall of jurisprudence, Law Faculty, etc. 17. **Themis** — Goddess of Justice. 19. **Doctores juris** — LL.D.'s (doctors of law). 21. **Ruſticus** — Allusion to Anton Bauer, author of an "Outline" (**Geſetzentwurf**) of the Penal Law and Procedure of Hanover. 24. **Cavaliere ſervente** — (Ital.) Attending cavalier,gallant. 24. **Geheime Juſtizrath** — Privy legal counsellor. 24. **Cujacius** — Prof. Hugo, called "Old Cujaz," by the students, because he constantly cited in his lectures the famous French legal writer, Cujacius. 29. **Beſchnei= det** — Cuts down; allusion to a controversy between Professors Hugo and Thibaut about the interpretation of the interdict: De arboribus scædendis, ne luminibus officiatur (on the cutting down of trees to prevent the obstruction of the view). Thibaut maintained that the meaning was, that the trees had to be cut

down from below; Hugo—from above. 32. **Hypotheschen rc.**
— Wretched little system, hypothesis or abortion, etc.

11. 1. **Jllustren Ordens** — The illustrious law faculty? ;
or, members of the order of the Guelfs? 3. **Los definirten
rc.** — Blazed away with definitions, hair-splittings, etc. 4.
Titelchen — every scrap of a title to a title of a Pandect. The
Digests of Justinian's *Pandects* are divided into fifty books; each
book is divided into titles, and each title into laws, the laws
into parts or paragraphs. They form parts of the *Corpus Juris*
or course of Roman Law studied at the German Universities.
14, 15. **Prometheus, Kraft, Gewalt** — Allusion to Æschy-
lus' drama of Prometheus, in which brute Force and Violence are
dramatis personæ. 22. **Münchhausen** — George II.'s adviser
in the establishment of the University. The allusion is to Münchhausen's portrait. 24. **Tollhauslärm** — Bedlam. 24. **Historischen Saal** — Hall of History. 26. **Belvederischen rc.** —
Plaster-casts of two famous old Greek statues, the Apollo Belvedere and the Venus di Medici, representatives of Greek art.

12. 3. **Befreiungskriege** — War of independence (against
Napoleon). 6. **Kopfabschneidereien** — Decapitations. 12.
Berichtigt — settled. 18. **Krebsschäden** — Honeycombed
(lit. cancer-eaten). 19. **Clausthal** — Name of a town. 23.
Von der erhaltenen — Of the remaining, etc. 28. **Gelobten**
— The Promised Land. 30. **Reise** — The Duke of Brunswick
was then travelling in the Orient. 33. **Herzog Ernst** — A
mediaeval legend of great beauty, rewritten by Ludwig Tieck.
34. **Schneidergesell** — The supposed "Tailor's apprentice"
was an admirer of Heine in disguise, as he afterwards explained
in the Berlin Gesellschafter (Strodtmann).

13. 1. **Ossian** — The legendary Gaelic poet whose supposed works were just then exercising great influence in France
and Germany. 2. **Barocke** — Queer. 12. **Leidvoll rc.** —
The true reading is:

> Freudvoll und leidvoll,
> Gedankenvoll sein;
> Langen und bangen
> In schwebender Pein.
>> Goethe's Egmont, Act III.

14. Werther The hero of Goethe's famous romance "The
Sorrows of Werther." 21. **Seligen** — Decent. 23. **Thran** —
In the humor. 26. **Ziegenhainer** — Spindleshanks, from the

proper name Ziegenhain.   27. **Doppelte Poesie** — Heine's explanation is incorrect (Strodtmann): the tailor meant that his intoxicated poet *saw* double.

14. 5. **Marode** —Broken down. 9. **Gezähmt**—Tamed by the uniformity, etc. 11. **So bizarr** — So = however, with verb transposed to the end. 15. **Krampfstillend ꝛc.** — Tranquillizing and reassuring the soul. 16. **Selige Hoffmann** — The deceased H. E. T. W. Hoffmann (1776–1822), the famous writer of fantastic Poe-like tales. 27. **Reisig** — Brushwood. 28. **Stunde** — The Germans commonly measure by **Stunden** (*hours*, leagues). 29. **Kropfleute ꝛc.** — Craw-folk: mountain-people with goitres. 30. **Mohren** — White negroes.

15. 16. **Düsseldorf** — Heine was born at Düsseldorf in 1799; died at Paris in 1856. 19. **Franciskanerglocke** — Clock of the Franciscan convent or church. 23. **Königl.** — Royal Hanoverian, etc. 26. **Löschpapierigen** — Waste-paper-like. 28. **Einmal** — The "once one" = multiplication-table. 29. **Dreiheitslehre** — Holy Trinity. 32. **Preußischen** Prussia (im preußischen Lande ꝛc.)

16. 3. **Frühlingsgrüne** — Spring-green. 12. **Nach Tische** — After dinner. 15. **Handlungsbeflissener** — "Counter-jumper," commercial traveller. 23. **Senat**—University Council. 29. **Silberhütten** — Silver refineries. 31. **Silberblick** — Gift of seeing silver.

17. 1. **Zusehen** — Looking-on. 3. **Kinder Israel** — Heine was himself a Jew, though he was baptized in 1825 and joined the Lutheran (State) Church. He endured much obloquy from his Jewish contemporaries, and in revenge spared no occasion to ridicule them, as here. 15. **Abraham** — *An* Abraham. 21. **Bergleuten** — Miners. 25. **Abgekappter** — Decapitated nine-pin. 26. **Hinterleder** -- Back-apron of leather. 27. **Steiger** — Leader. 32. **Nichts weniger** — Anything but.

18. 1. **Delinquententracht**—Convict-dress. 2. **Vieren** — On all fours. 15. **Bei Leibe** — For your life. 17. **Tonnenseil** — Barrel-rope. 21. **Geklopften** — Broken ore. 23. **Stollen** — "Stulms." 28. **Lafayette** — Lafayette was visiting America in 1824-25.

19. 3. **Angst** — Fright. 5. **Nordsee** — German Ocean. 19. **Glückauf** — Good luck to you! 28. **Cicerone** — (Ital. Guide (from Ciceronem, acc. of Cicero, the orator.—Skeat.)

28. **Kreuzehrlich, pudeldeutsch** — Perfectly honest, "poodle-German," thoroughly German. 30. **Cambridge** Adolphus, Duke of Cambridge, brother of George IV. and William IV. of England ; died 1850.

20. 2. **Bergknappe** — Miner-boy. 3. **Zitter** — Cithern. 8. **Gefühl** — Sentiment. 15. **Adressenfloskel** — Address flourish, fine language, "Yours very truly," "I remain your humble servant," etc.—Leland. 17. **Eckart** — The story of the *trusty Eckart and the base Burgund*, as told by L. Tieck, etc. 18. **Kinder** — Eckart's seven children. 32. **Gemeinschaft** — In company.

21. 5. **So stillstehend 2c.** — Immovably fixed as, etc. — 6. **Steinalt.** — Venerable. 10. **Verwachsen** — Blended. — 13. **Anschauungsleben** — Contemplative life. 14. **Märchen=fabel** — Popular tale. 24. **Schneiderherberge** — Tailor-shop. 32. **Statt daß** — Whereas. 34. **Anschauung** — Observation.

22. 3. **Beziehen** — Inhabit. **Gutdünken = gut + dünken** (inf.) At pleasure. 6, 7. **Hans, Isaak** — Now a Christian, now a Jew. 17. **Geblümten** — Flowered. 18. **Seligen** — Deceased, late. 27. **Erloschener** — Tranquil (erlöschen). 32. **Fremdenbuch** — Visitor's book. 34. **Chamisso** — A German writer (1794–1838) of French extraction, author of Peter Schlemihl: the Man without a Shadow," etc., etc.

23. 14. **Allerheiligste** — The Sanctum Sanctorum, Holy of Holies. 15. **Generalbaß** — Thorough bass. 24. **In's Horn** — On horns. 34. **Es war mir 2c.** — I felt as if.

24. 6. **Todtenhemde** — Shrouds. 9. **Mißgestalteten** — Misshapen. 26. **Goslar** — A seat of the early emperors of Germany, where many diets met, once famous for its cathedral, etc. 27. **Kaisererinnerungen** — Ancient imperial recollections. 31. **Gose** — The Gose rivulet. 33. **Hexameter** — Allusions to some of the poetic performances of his contemporaries.

25. 1. **Pikantes** — Piquant look. 1. **Zwinger** — donjon-keep. 3. **Schützenhof** — Shooting-match (court). 7. **Bei Feuerbrünsten** — At an alarm of fire. 7. **Geschlagen** — They beat (it is beaten, etc.) 13. **Weiß angestrichen 2c.** — Whitewashed police-station. 14. **Gildenhaus** — Guildhall. 24. **Dom** — Cathedral of St. Stephen. 33. **Lucas Cranach** — An artist from Upper Franconia (1472–1553.)

26. 2. Caryatiden — (Greek) Supporting figures. 19.
Quis 2c. — Who? what? where? by what means? why? how?
when? 29. Schriftlich — Scriptural authority. 32. Ich
will — I do not mean, etc.

27. 1. Beturbanten — Turkish tombstones with *turbans*
sculptured on them indicate that males are buried beneath;
otherwise, females. 6. Manierlich — Genteelly. 14. Par=
terrefenster — Ground-floor window. 20. Glotzaugen —
Goggle-eyes.

28. 4. Roth= und Blauröcke — Soldiers. 5. Schnurr=
bärtige 2c. — Mustached attractiveness. 12. Slaven — Sla-
vonians. 14. Wasseraufgießen — By watering it. 21. Petri=
Schlüssel — St. Peter's Key (St. Peter is supposed to hold the
keys of heaven). 24. Spießbürger — Jolly burgher of Nürem-
berg. 25. Tonpfeife — Clay-pipe.

29. 18. Smaragdenen — Emerald. 24. Beobachter --
Austrian Observer (newspaper). 27. Mittagstisch 2c. —
Dined. 29. Vernunftschlüsse — Conclusions of the reason.
34. Die Vernunft — The passage is probably aimed in ridicule at the "transcendental" Kantian and Hegelian philosophies,
which deify reason. Hegel was professor of Philosophy at Berlin,
1818–31.

30. 4. Lehrbuche — Textbook. 6. Fünfzigern — In
the fifties. 6. Linie — Personification of a straight line.
11. Malice — Spite. 12. Broschüre — Pamphlet. 15. Re=
nommirt — Boasted of. 26. Ausgezogen — Stepped out.
30. Enfe — An eminent critic and biographer (1785–1858),
intimate friend of Heine's.

31. 1. Durchfröstelte — Shivered through. 11. Un=
heimlicheres — Uncannier. 30. Winkel — Angles of 22½
degrees. 33. Spanisches — Malacca cane. 34. Mundfau=
len — Drawling.

32. 9. Kant's — Kant's Critique of Pure Reason (1781) was
followed (1787) by the Critique of Practical Reason, and (1790)
by the Critique of the Faculty of Judgment. Heine's ridicule is
apparent. 10. Phänomena 2c. — Kant's fundamental dis-
tinction between *phenomena* or visible forms, external things,
and *noumena*, or conceptions innate to the mind (time, space,
etc., without which we cannot conceive or explain ourselves
or the world outside.) 19. Würmer — Grave-worms. 25. Ge=
rathewohl — At random. 32. Frisirte — Curled.

33. 14. **Wampiges** — double-chinned. 14. **Dumm=
fluges** — Dull-quick. 19. **Wilddieb** — Poacher. 20. **Ge=
worfenen ıc.** — New-born farrow. 23. **Wenigkeit** — His
own "humble self.".

34. 8. **Memoiren** — Memoir of God.

36. 14. **Rechter Glaube** — Orthodox Belief.

37. 3. **Zwingherrnburgen** — Tyrant's strongholds.

38. 1. **Wichtelmännchen** — Fairy folk. 11. **Geister=
berg** — "Ghost Rock." 21. **Sel'ge Muhme** — My departed
aunt. 32. **Herrlichkeit ıc.** — Hail him "lord."

40. 17. **Dichtermensch** — "Poetical character." 19. **Harz**
— Hartz Mountain.

41. 1. **Brocken** — The most celebrated of the Hartz peaks,
especially celebrated in German legend. 1. **Stunden** — leagues.
4. **Déjeuner ıc.** — Breakfast and dinner combined. 6. **Küh=
lein** — Heifers. 23. **Kammermusici** — Parlor musicians,
royal band.

42. 9. **Sauer werden** — Fared hard with them, etc.
20. **Collegen** — Comrades. 26. **Gebildete ıc.** — Educated.
29. **Schmerzenreich** — "According to the Legend of Genofeva,
when the fair saint (Genevieve) and her little son Schmerzenreich
(abounding in sorrow) were starving in the wilderness, they
were suckled by a doe." Leland.

43. 8. **Läßt sich ıc.** — It is pleasant sitting there. 20.
Heidelbeeren ıc. — Whortleberries and bilberries. 25. **Wal=
purgisnacht** — Witches' Sabbath on the Brocken, May 1st.
29. **Retzsch** — A famous illustrator of Goethe's Faust, Shaks-
pere, etc. 32. **Belletristisch** — Literary. 34. **Ziegenböck=
chen** — "Billy-goat."

44. 1. **Universalgenies** — Universal geniuses. 2. **End=
urtheil** — Final judgment. 2. **Ratkliff ıc.** — Tragedies by
Heine, the latter of which was composed in 1821, the former in
1822. 4. **Absprachen** — Denied. 8. **Blocksberg** — One of
the peaks of the Brocken-group. 10. **Doctor Faust** — The
theme of the German national tragedy, wrought up also by Mar-
lowe in his "Dr. Faustus"; Faust makes a compact with the
devil, etc. 10. **Mir war ıc.** — I felt as if. 11. **Pferde=
fuß** — Cloven hoof. 12. **Humoristisch** — "Inhaling an at-
mosphere of humor." 12. **Mephisto** — Mephistopheles, the
devil in disguise, who accompanies Faust etc. 13. **Lieblings=**

𝔟𝔢𝔯𝔤 — The Brocken, which the devil visits especially in the "Walpurgisnight." See Goethe's Faust. 17. 𝔓𝔞𝔯𝔱𝔢𝔯𝔯𝔢 — Story.

45. 6. 𝔈𝔱𝔞𝔟𝔩𝔦𝔯𝔱 — "Turned in." 9. 𝔑𝔢𝔰𝔱𝔞𝔲𝔯𝔦𝔯𝔢𝔫 — Taking refreshments. 12. 𝔊𝔢𝔨𝔫𝔦𝔣𝔣𝔢𝔫 𝔦𝔠. — Impersonal use of passive, with *es* omitted : there was pinching, etc. 14. 𝔓𝔯𝔬𝔣𝔦𝔱 — Luck be with you! (from *prodesse*, salutation in drinking, etc.) 14. 𝔄𝔫𝔤𝔢𝔰𝔬𝔣𝔣𝔢𝔫 — "Tight." 21. 𝔄𝔱𝔩𝔞𝔰𝔥𝔲𝔱 — Satin hat. 30. 𝔚𝔞𝔰𝔰𝔢𝔯𝔫𝔦𝔵𝔢 — Water-fairy. "It is an accepted tradition of fairy mythology that Undines, Water Nixies and other aqueous spirits, however they may disguise themselves, can always be detected by the fact, that a portion of their dress invariably appears to be wet."—Leland.

46. 2. 𝔉𝔢𝔢 — Fairy (French, *fée*). 20. 𝔠𝔬𝔪𝔭𝔦𝔩𝔞𝔱𝔬𝔯𝔢𝔫 — Compilers. 28. 𝔓𝔥𝔦𝔩𝔦𝔰𝔱𝔯ö𝔰𝔢 — "Philistine-like, *i.e.*, old fogyish, vulgar, non-student-like, etc. The term is applied by wild students to those 'outsiders,' who lead a settled down life in the world." Leland. 28. 𝔠𝔩𝔞𝔲𝔡𝔦𝔲𝔰 — A German lyric poet (1740–1815). 34. 𝔅𝔲𝔯𝔰𝔠𝔥𝔦𝔨𝔬𝔰𝔢𝔫 — (Slang) jovial, student-like.

47. 3. 𝔈𝔠𝔥𝔱 𝔡𝔢𝔲𝔱𝔰𝔠𝔥—In right royal German romantic fashion. 8. 𝔉𝔬𝔯𝔪𝔢𝔫 — Manners. 17. 𝔇𝔬𝔷𝔢𝔫𝔱𝔢𝔫𝔪𝔦𝔢𝔫𝔢 — Pedagogue air. 21. 𝔖𝔠𝔥𝔦𝔢𝔯𝔨𝔢, 𝔈𝔩𝔢𝔫𝔡 — "Schierke (𝔖𝔠𝔥𝔲𝔯𝔨𝔢), 'Rascal,' and 𝔈𝔩𝔢𝔫𝔡, 'misery,' are the names of two places near the Brocken."—Leland. 29. 𝔏𝔦𝔟𝔢𝔩𝔩𝔢𝔫𝔞𝔲𝔤𝔢𝔫 — Dragon-fly eyes.

48. 10. 𝔠𝔬𝔡𝔢𝔵 𝔦𝔠. — A parchment manuscript that has been written over twice, the first writing having been erased. 11. 𝔎𝔦𝔯𝔠𝔥𝔢𝔫𝔳𝔞𝔱𝔢𝔯𝔱𝔢𝔵𝔱𝔢𝔰 — Text of one of the Church Fathers. 16. 𝔓𝔢𝔱𝔢𝔯𝔰𝔨𝔦𝔯𝔠𝔥𝔢 — St. Peter's at Rome. 17. 𝔉𝔢𝔫𝔦𝔠𝔢 — Phœnix Theatre at Venice. 28. 𝔖𝔠𝔥𝔦𝔣𝔣𝔢 — Nave. 29. 𝔏𝔢𝔦𝔟 — The Host (body of the Lord). 30. 𝔓𝔞𝔩𝔢𝔰𝔱𝔯𝔦𝔫𝔞'𝔰 — The most celebrated master of the old Roman school of music; died 1594.

49. 1. 𝔚𝔢𝔯𝔨𝔢𝔩𝔱𝔞𝔤𝔰𝔰𝔱𝔦𝔪𝔪𝔲𝔫𝔤 — Every-day frame of mind. 13. 𝔚𝔢𝔯𝔱𝔥𝔢𝔯 — Goethe's romance. 14. 𝔈𝔱𝔯𝔲𝔰𝔨𝔦𝔰𝔠𝔥𝔢𝔫 — Etruscan. 20. 𝔥𝔬𝔥𝔢𝔫𝔥𝔞𝔲𝔰𝔢𝔫 — An admirer of Heine's in Berlin, 1820–24; translator of Byron. 32. 𝔇𝔞 𝔤𝔞𝔟 𝔢𝔰 — There followed a, etc.

50. 1. 𝔖𝔦𝔟𝔦𝔯𝔦𝔢𝔫 — Göttingen. 1, 2. 𝔅ä𝔯𝔢𝔫, 𝔷𝔬𝔟𝔢𝔩 — To "bind a bear," in student slang, is to contract a debt: "bears are 'bound by many ties'" (𝔞𝔫𝔤𝔢𝔟𝔲𝔫𝔡𝔢𝔫); 𝔷𝔬𝔟𝔢𝔩, lady of pleasure.—Leland. 8. $\mathfrak{Hallenfern}$—Halle students. 10. $\mathfrak{Exegetifd}$ $\mathfrak{2c.}$ — "Smashed," let in the "light." 5. $\mathfrak{Cour}$ — Levee. 12. $\mathfrak{Lichtenftein'fche}$ $\mathfrak{2c.}$ — Princess of Lichtenstein. 13. $\mathfrak{Antrauen}$ $\mathfrak{2c.}$—Had married "over the left." 14. $\mathfrak{Staats=maitreffe}$ — State-mistress. 17. $\mathfrak{Tapet}$ — "On the tapis." 30. $\mathfrak{Burfchenfchafter}$ — Member of the Burschenschaft, a political student organization now prohibited. 30. $\mathfrak{Purififa=zion}$—Imprisonment (?), period of "purification." 34. $\mathfrak{Garde=robeaufwand}$ — Wardrobe expenditure.

51. 3. $\mathfrak{Man~fo~buhn}$ = man so thun — So they do. 4. $\mathfrak{Scheinwefen}$ — Love of externals. 5. $\mathfrak{Intendanz}$ — The theatre direction. 11. $\mathfrak{Banquier}$ — Banker. 15. $\mathfrak{Kriegs=räthin}$ — "Madame the War-counsellor von Steinzopf's wife, *née* Lilienthau, etc. 22. $\mathfrak{Menfchenhaß, Eulalia, Peter}$ $\mathfrak{2c.}$ — Characters in „$\mathfrak{Menfchenhaß~und~Reue}$" ("Misanthropy and Remorse"), a tragedy by Kotzebue (1761–1819). 24. $\mathfrak{Dummen}$ $\mathfrak{2c.}$ — Blockhead. 25. $\mathfrak{Hahnrei}$ — "Mysterious wittol." 29. $\mathfrak{Spontini}$ $\mathfrak{2c.}$ — The Chevalier Spontini was called from Paris to Berlin in 1820, to be general music director. He paid great attention to scenic effects, decoration, costume, noisy Oriental music ; a rival of Weber. 29. $\mathfrak{Janitfcharenoper}$ — Janissary opera. 34. $\mathfrak{Hoguet's}$ — A ballet dancer ; Buchholz —a politician.

52. 1. $\mathfrak{Tanztouren}$ — Dance-turns, "highland flings." 11. $\mathfrak{Knäuelartig}$ — Like a skein. 12. $\mathfrak{Often}$ — The Sultan. 16. $\mathfrak{Honorirt}$ — Paid. 22. $\mathfrak{Bei'm~Apis}$ — By Apis ! 22. $\mathfrak{Exoterifch, efoterifch}$—Uninitiated, initiated. 25. $\mathfrak{Lemière, Röhnifch,}$ —Dancers. 26. $\mathfrak{Entrechats}$ — (French) —Dance-attitudes.

53. 4. $\mathfrak{Lecferframverfertiger}$ — Pastry cooks and confectioners ("Suisse" has passed into French as a general term for menial, door-keeper, etc.) 8. $\mathfrak{Jahrmärkte}$ — Fairs. 13. $\mathfrak{Greifswalder}$ — From Greifswald, in Pomeranian Prussia. 14. $\mathfrak{Piquirt}$ — Piqued. 17. $\mathfrak{Stange}$ — "Schooner." 20. $\mathfrak{Frifeure}$—Hair-dresser. 22. $\mathfrak{Barett}$—Cap. 24. $\mathfrak{Blücher's}$ — General Blücher's grey horse.

54. 1. $\mathfrak{Hermanns}$ $\mathfrak{2c.}$—"The Germans know as 'Hermann' the chieftain whom the Roman authors call Arminius, and who in the reign of Augustus overwhelmed and destroyed the legions of Varus in a great battle in the Teutoburg forest (near Detmold), by this and other victories finally frustrating the efforts of the

Roman Empire to extend its authority over Germany."—Whitney.
4. **Onomatopöisch** — By imitation of sound. 6. **Lauter** —
Pure. 12. **Smollirt** — Contracted from the Latin *sibi molire
amicum*. Schmolliren signifies to gain a friend, to drink brother-
hood with him, to give and take the "brother-kiss," and finally
to duzen or call a friend du, thou . . . Schmollis is *sis mihi
mollis amicus* ("be my good friend.")—Leland. 14. **Methfessel'sche** — Airs by Methfessel. 21. **Fistulirte** — Piped.
22. **Schuld** — The "Crime," a tragedy by A. Müllner. 22. **Latein** — Was tipsy: Wein spricht Latein: an old proverb.—Leland.

55. 2. **Theaterbuffet** — Theater refreshment table. 23.
Sehnsuchtbebender — Quivering with feeling. 25. **Lore** —
Laura. 34. **Meine Seele 2c.** — Parody on the style of
Ossian's poems.

56. 19. **Wolfenroß** — Cloud-steed. 23. **Gelbledernen**
— Yellow leather trowsers. 32. **Halle** — Halle (?)

57. 9. **Erzeugte** — The night-born. 15. **Gardelieutenants** — Lieutenants of the guard. 16. **D. h. en** —*i.e.* à la hog.
32. **Gottläfterlich** — Blasphemously. 33. **Weenderstraße**
— Main street of Göttingen.

58. 2. **Bouteillenzahl** — bottles (*bouteille*, French). 3.
Conditionirt — In pretty fair condition. 6. **Gesundheitsflanell** — Welsh, or health flannel. 7. **Frankfurt 2c.** —
Frankfort on the Main is famous for its Jewish families, among
them the Rothschilds. 17. **Nachtwandlerzustand** — Somnam-
bulistic state. 18. **Malheur** — Mishap. 21. **Hölle's** — Dante's
"Inferno." 22. **Falcidia** — "The 'Falcidian law' was so called
from its proposer, *Falcidius*. According to it, the testator was
obliged to leave at least the fourth part of his fortune to the person
whom he named his heir."—Leland. 23. **Erbrechtlicher** —
"Libretto on the right of inheritance" (Erbrecht).—Leland.
23. **Gans** — Edward Gans, a Jewish jurist connected with the
University of Berlin. Spontini was the music director previously
mentioned. 25. **Göschenus** — J. F. L. Göschen, Professor of
Law at Berlin and Göttingen. Note the play in Serv. Asinius
(*Slave*-ius *Ass*-inius, etc.) 27. **Prima Donna** — Parody on
the law of *legacies*. 28. **Weiblichfeit** — Womanly charms.
29. **Bravouraric** — *Bravura* air, air sung with great spirit.
29. **Quicunque 2c.** — Fragment from the Laws of Justinian
("whatsoever Roman citizen," etc.) 30. **Referendarien** —
referees; **Unmündigen** — Minors. 31. **Trifot** — Stocki-

net. 32. **Antejuſtinianeiſches** — Ante or (Anti?)-Justinian.
33. **Tafeln** — The "Twelve Tables" of the Roman law.

59. 1. **Cum omni cauſa ꝛc.** — "With every reason."
7. **Carmoiſinrothe** — Carmine-red. 13. **Geſehene ꝛc.** —
Past part.: experiences.

60. 3. **Arabiſchen ꝛc.** — "Arabian beverage," coffee.
4. **Bulbullieder** — Nightingale songs. 5. **Kamele** — (Slang)
"slow-coach." 6. **Congreviſchen** — Licentious, Congreve-
like (Congreve was a licentious English poet). 18. **Acciſeein=
nehmer** — Excise-collectors. 19. **Comptoirjünglinge** —
"Counterjumpers." 21. **Revolutionsdilettanten, Turn=
gemeinplätzen ꝛc.** — The Turner-unions are associations or-
ganized for the purpose of gymnastic exercise. They may also
be regarded as revolutionary political clubs.—Leland. **Dilettan=
ten** = lovers of ; **Turngemeinplätzen** = Gymnasium common-
places. 23. **Hagel** — "Mr. John Smith," etc. 27. **Benebelt ꝛc.**
— "Wet without and wet within."—Leland. 31. **Clauren** —
A licentious romance-writer of the period whose real name was
Heun.

61. 11. **Eidlich** — On oath. 20. **Halsbrechender** —
Neck-breaking. 30. **Caſten** — Classes. 33. **Theophraſt's**
— Theophrastus, the Greek moralist and natural philosopher.

62. 6. **Nichts weniger** — Anything but. 9. **Traum=
haft ꝛc.** — Dreamy feeling of pain. 17. **Convenienzſtim=
mung** — Conventional frame of mind. 27. **Groſchen** — Cop-
pers. 31. **Schneelöcher** — "Snow holes." 34. **Landwehr**
— Probably an allusion to the expeditious movements of the
"Austrian Militia" in the presence of Napoleon's soldiers.

63. 1. **Verſah** — Knew where I was. 5. **Humoriſtiſch**
— Merry. 9. **Johlten** — Trilled. 32. **Nadelholz** — Needle-
wood ; evergreens, pines, firs, etc. 33 **Blätterholzart** — De-
ciduous trees.

64. 7. **Gießkannen** — Watering-pots. 15. **Muthwillen**
— Willfulness. 16. **Tantenhaft** — (French: *tante*) like delighted aunts. 24. **Klingender** — Ringing beams and spark-
ling tones. 25. **Lauter** — Pure.

65. 28. **Arabesken** — Meandering lines, etc. (as in Arabian
architecture.) 31. **Schulſtolz** — School-pride. 33. **Apothe=
kenartig** — Apothecary-like.

66. 1. **Schlechter** — Wretched wit. 2. **Idee** — The ideal:

another fling at philosophical distinctions.　6. **Selige** — Late.
27. **Abendzeitung.** — Evening Journal.　31. **Wohlgeb.** —
Esquire.　32. **Harzreisebuch** — Hartz-Guidebook.

67. 2. **Fabelreich** — Realm of fable.　6. **Heimischen** —
Native.　9. **Abconterfeit** — Represented.　10. **Schlachtroß**
— Battle-steed.　12. **Knebelbärtigen** — bearded.　15. **Zitro-
nen, Welschland rc.** — Italy, land of the citron and of poison.
17. **Römische rc.** — Allusion to the claim of the German Emperors to be called Emperors of Rome.

68. 2. **Parze** — The *Parcæ* (Fates).　3. **Kärglich verschwiegen** — Stingily withheld.　5. **Eins heraus** — Amounts
to one and the same thing.　6. **Mögen** — Let the single works,
etc.　10. **Allzuherbe** — Altogether too harsh.　26. **Sartorius** — The historian.

69. 1. **Wildschroffen rc.** — Wild, rugged, fir-tree beauty.
11. **Schmiededunkeln** — Dark and grimy.　11. **Rübeland**
— Turnip-land.　14. **Roßtrappe** — a Mountain.　26. **Abhanden** — Not at hand.　27. **Windstoß** — Puff of wind.

70. 7. **Paris** — Allusion to the award of the prize of beauty
by Paris.　10. **Blüthenschaum** — Foam of white blossoms.
15. **Angreifend** — Affects them so much.　16. **Vierländerinnen** — Women of the Four Lands, Saxony, Franconia,
Suabia, and Bavaria.　18. **Unehelichen** — Bastard.　18. **Jungfernstieg** — Maiden Lane.　20. **Loos** — Grand prize.　22.
Manufakturwaaren rc. — Ready-made-goods face.　This
epithet was interpreted by the Hamburg Jew Friedländer as
referring to him, and caused a personal difficulty between him
and Heine.

71. 16. **Schmunzelnde** — Grinning.　20. **Strahlenfäden** — "Yellow threads, like rays of light."　25. **So herrlich** — Gloriously as it then, etc.　32. **Dithyramben** — Di-
thyrambic songs.　A dithyramb was a song to Bacchus.

72. 12. **Ladenschwengel** -- Shop-boy.

II. Das Buch Le Grand.

73. 14. **Hauptrolle** — Leading part.
74. 13. **Gespinnst** — Web. 15. **Ganges** — River Ganges.
18. **Schellenkappe** — Foolscap. 19. **Galanterie** — Fancy
shop. 20. **Burstah** — Burstah Street (*Via*, Ital.: street). 24.
Devisen — Mottoes, devices. 26. **Sabinerinnen** — Rape of
the Sabines. 29. **Ferronière** — The fair iron-monger's wife.
29. **Lauter** — All. 32. **Unbescheiden** — Signor What's-his-
name.
75. 4. **Himalaya** — Ever-shining Himálayas. 4. **Bani-**
anenwälder — Banyan-woods. 5. **Weißen** — White-robed.
9. **Pagoden** — Pagoda-temples. 13. **Pfauenwedel** — Pea-
cock-fan. 24. **Armesünderglöckchen** — Death-bell. 25.
Strada — (*Ital.*) St. John Street. 32. **Nu** — In a trice.
76. 10. **Rezipirt** — General regulation. 16. **Lebens-**
abiturienten — Farewell—to—life. 17. **Almansor** — Title of
Heine's Spanish drama. 23. **Sie** — Her. 25. **Todtbesiegend**
rc. — Death-vanquishing, life-giving. 27. **Vestalinnen** —
Vestal virgins.
77. 5. **Beforbt** — "Discard." 8. **Weinberauscht** —
Wine-intoxicated. 9. **A la française, etc.** — "To take
French leave." 14. **Straßburger** — Strasburg Cathedral.
15. **Hegel** — The German philosopher. 20. **Gleichviel** —
No matter! 22. **Nichtsein** — Annihilation. 23. **Berlin'-**
sche rc. — Berlin lieutenants of the Guard. 26. **Kleist** —
H. von Kleist (1776–1811), author of "The Prince of Homburg,"
"Käthchen von Heilbronn," etc., committed suicide. 27. **Wohl-**
geschnürten — High-breasted, tight-laced. 30. **Immer-**
mann — K. Immermann, a well-known German poet contemporary with Heine.
78. 9. **Tagelöhner** — A day-laborer. 13. **Pistolen** —
Challenged to fight with pistols. 16. **Geschlagen** — Fought.
17. **Gottlob** — Thank God! 25. **Brabanter, Hamburger**
— The ell of Brabant or Hamburg.—"Heine's writings abound
in the harshest, at times most repulsive expressions of his views.
In these chapters we see him under two influences—that of

Hegelian atheism and Hellenic sensuousness, or of a purely material Greek nature-worship."—Leland.

79. 16. **Verwitterten** — Weather-beaten. 30. **Frühlingt** — It is spring-time again.

80. 3. **Brenta** — A river of Lombardy. 6. **Geisterchöre** — Spirit-choirs. 23. **Belogen** — Deceived. 24. **Strom** — The Ganges is the sacred river of the Brahmans. 27. **Jagernaut** — Jaggernaut, Sanscrit Jagardnatha ('Lord of the World'), a special form of the God Vishnu. Worshipped in Bengal and other parts of India, and famous for his "wagon-festival." Devotees would throw themselves in a frenzy under the wheels of the car. 29. **Kalkuttenbraten** — Roast turkey ("Calcutta-bird "). 31. **Valmiki** — Author of the *Ramayana*, which, next to the *Mahabharata*, is the longest and most interesting epic poem of India.—**Sangeswäldern** = forests of song.

81. 1. **Ramo** — The hero of the *Ramayana*, supposed incarnation of the God Vishnu, sent down to aid the Gods against the demon-king Ravana, the ascetic. Ramo overthrew Ravana. 2. **Kalidasa** — Author of the *Sakuntala*, the greatest dramatic poet of India; supposed to have lived at the court of King Vikramaditya as one of its "nine gems." 9. **Bopp** — The philologist, whose "Comparative Grammar of the Sanscrit, Zend, Armenian, Greek, Latin, and Gothic (1833–1849) revolutionized the study of comparative language. 9. **Nalus** — The story of *Nala* is an episode of the Mahabharata. Nala lost his kingdom by gambling. 12. **Brahma** — The God Brahma, the supreme deity of the Brahmans. 14. **Mahabarata** — The longest epic of India; celebrates the war between the Kauravas and the Pandaras, etc., etc.; supposed to have been composed by Vyasa. 15. **Uhrahnherr** — "First forefather." 20. **Ocean** — Pacific Ocean. 25. **Meersterne** — Star-fish ; **Meerschnecken** = sea-snails. 29. **Anangas** — The "limbless" god of love. Shiva burned him up because he had been hit by his arrow and made to fall in love with his wife Darga: hence called "the limb-less." 34. **Vossische** — J. H. Voss (1751–1826), here indicated by Heine, was the translator of Homer, author of "Louise," which suggested Goethe's "Hermann und Dorothea," etc.

82. 7. **Johannisberge** — A village 13 miles from Mayence. The famous vineyards there were given by Napoleon to Prince Metternich and are known for their *Hoch* wine. 8. **Consumirt** — Consumed. 13. **Rasiren** — Do not let themselves be shaved until, etc. 26. **Gerichte** — The courts. 28. **Mir nichts dir nichts** — None of my business or yours. 28. **Tabaks= regie** — Tobacco-tax. 30. **Görres** — Görres is a fine fellow. Görres (1776–1848) was a distinguished political economist, pamphleteer, and controversialist from Coblentz. 34. **Stellte mich** — Pretended to be angry.

83. 2. **Tollwerden** — Delighted to death, half wild, etc. 6. **Klingender** — Melodious sweetness. 19. **Marienbild= chen** — Images of the Virgin Mary. 27. **En canaille** — (French) like a dog. 32. **Verzaubert** — I became fairly enchanted. 34. **Lore=Ley** — "A fairy who would dress and attire herself in view of those who passed by on the river (Rhine), and by her supernatural beauty and song would so arrest the attention of the mariners as to make them careless of the dangers through which they were passing."—Whitney. This was on a promontory near Oberwesel. Heine wrote a fine poem on the subject of the Loreley.

84. 2. **Neckend 2c.** — Mockingly and thrillingly. 26. **An= dernach** — A town a few leagues from Coblentz. 28. **Hostie** — The host (sacrament). 32. **Erinnerungssüchtigen** — Hours of remembrance. 33. **Zerbrochen** — Racked by pain.

85. 4. **Düsseldorf** — Heine's birthplace.—In the last chapter or two Heine shows himself in the ever-changing light of a worshipper of Indian Orientalism and the school of German romanticism. 8. **Schilda 2c.** — "All insignificant towns,— with the exception of Göttingen, which is here supposed to be equally insignificant."—Leland. 15. **v.** — Abbreviation for *von* (in titles of nobility). 21. **Kanonikus** — Church Canon. 27. **Franziskanerkloster** — Franciscan convent.

86. 9. **Sagen lassen** — Sent word. 10. **Leibe** — For her life. 12. **Grünverschleierten**—Green-veiled. 15. **Hühner= winkel** — Hen-house. 21. **Carrara** — The well-known quarries of Carrara, in Italy. 21. **Makulatur** — Waste-paper laurel. 29. **Alongeperücke** — Long hanging wig.

87. 2. **Apfeltörtchen** — Apple-tarts. 6. **Säbelbeinige** — Strangely constructed, sabre-legged. 8. **Diskantstimme** — Treble. 19. **Context** — Connection. 22. **Soll** — Is said. 25. **Einschachtelungsbecher** — One cup within an other, like a Chinese ball.

88. 5. **Begräbnißstimmung** — Funereal frame of mind. 8. **Nanquin** — Nankeen. 12. **Placat**—Placard. 12. **Pfäl=**

zifcher — From the Palatinate. There were two Palatinate-principalities : the Lower, embracing Mannheim, Heidelberg, Simmern, Deux Ponts; and the Upper, in the north of Bavaria. 13. Invalide — Veteran invalid. 16. Bedanken — ·'The Elector has abdicated." 18. Entbinden — Relieve. 21. Vernarbten — Scarred. 23. Beängftigend 2c. — Took on such a wretchedly dreary aspect. 25. Abgedankt — With such an "abdicated" air. 31. Ça ira, Ça ira — The French revolutionary song. 33. Noth — Had trouble enough. 34. Ausreden — Would listen to nothing.

89. 4. Gaffenvogt — Town-beadle. 12. Bauernhofes — Farm-house. 22. Pudermantel — Barber's cloth. 23. Friseur — Hair-dresser; haarflein = to a hair. 25. Joachim — Joachim Murat, King of Naples, Grand-duke of Berg, brother-in-law of Napoleon; shot by the Austrians in 1815. 33. Grenadier — Merry, serious faces of the grenadiers (see Heine's poem, ''The Grenadiers''). 34. Bärenmützen — Bearskin shakoes, or caps. 34. Dreifarbigen — Tri-colored.

90. 1. Voltigeurs — Light troops. 1. Point d'honneur — Honorable pride. 2. Tambour — Drum-Major. 4. Etage — Story (French). 6. Einquartierung — Soldiers in the house. 10. Eifengeländer — Iron-work. 13. Französisch — "Looked at each other Frenchily." 14. Bon jour — Good day! 19. Kurz — "Tall Jack Short." 25. Spinnanftalt — Public tread-mill. 27. Cravatte — "Necktie." 31. Huldigung — Homage.

91. 3. Weisen — Philosopher's stone (stone of wisdom). 7. Vivat — (Lat.) hurrah! 23. Es wurde — Learning by heart was begun. 25. Nomina, verba — Nouns, irregular verbs. 29. Statten — Was to my advantage. 31. Niebuhr The celebrated Danish-German historian of Rome (1776-1831).

92. 2. Hätte — How could I have found my way. 12. Schlacht — Allusion to his money battles with his tailor. 13. Banquier — The Jew banker. 15. Starfverschuldeten — Deeply in debt: "flight of Mohomet" symbolizes the debtor's flight. 17. Rechtlichkeit — Probity. 20. Thränenfäckchen — Tear-sacs. 22. Gesagt — As before said. 26. Ordentliche — Regular.

93. 7. Aula — Public hall. 7. Lateinisch — Publicly disputed in Latin. 10. Füchse — Freshmen. Heine in fact did make a blunder in the course of his disputation in saying

10. **Füchfe** — Freshmen.—Heine, in fact, did make a blunder in the course of his disputation in saying, *in caput* instead of
in capite, thereby eliciting the ridicule of his examiners.—
Strodtmann. **Viz., etc.** — List of irregular Latin nouns in
-is. 20. **Prügel** — Whipping. 21. **Bogengängen** — Arched
corridors.

94. 1. **Kreuzigen** — Allusion to the way in which he was
persecuted by his Jewish contemporaries. 3. **Pfänderver=
leihern** — Pawn-brokers. 8. **Katal ꝛc.** — (1) In the first
triad of forms here we have the regular conjugation of the
Hebrew verb "to kill:" he has, thou hast, I have, killed;
(2) in the second triad we have the same forms, but in the third
conjugation == he has utterly killed, etc.; (3) the third triad is
not clear; possibly it forms a series of humorously distorted
Hebrew words in imitation of German **pschen**, "to beat," in-
tended to lead on to **pik** — **pik**, and imitate the ticking of a clock.
There are no such forms in classic Hebrew as Heine gives. Or,
perhaps, these forms may be from the verb *pakad* pronounced
pokat by the German Jews == he has sought, etc. 11. **Kinder=
leicht** — Child's play. 13. **Kopffteuern** — Poll-taxes. 14.
Adelung—Take Adelung on our shoulders. Adelung, a German
linguist, author of *Mithridates.* 17. **Geiftlichen** — Clerical.
29. **Jlluminirt** — Recolored. 30. **Lehrbuchfeelen** — Text-
books crammers. 33. **Cichorien** — Chickory. 34. **Land=
junker** — Country squires running after them.

95. 5. **Avancement** — Promotion. 6. **Abfatz** — Sale.
18. **Folge** — In the sequel. 25. **Geftanden** — To be frank
(frankly confessed). 27. **Dreigötterei** — Trinity. 28. **Ein=
götzenthum** == Monotheism. 34. **Emigrirten** — Refugee.

96. 2. **Art poétique** — Art of poetry; histoire allemande == German history. 3. **Gymnafium** — College. 7.
Apprendre par cœur — Learning by heart. 7. **Bête**
— German dunce. 8. **Saure** — Cross. 13. **Le crédit** – Credit.
13. **Kirfchbraun** — Cherry-brown. 18. **Ehrlich** — To be
honest. 20. **Löwenwirth** — Landlord of "the Lion." 22.
Anheifchig — Pledge my word. 25. **Parbleu** — Zounds!
26. **Patois** — Dialects. 26. **Adeliges** — The nursery (*bonne*,
nurse), French, of the nobility. 29. **Comteffen** — Countesses.
31. **Parliren** — Parlez-vous-ing.

97. 4. **Bewegliche** — Nervous. 8. **Spiegelblank** —
Mirror-bright. 10. **Appell** — Roll-call. 12. **Jours, etc.** —

"The holidays are gone!" 16. **Liberté, etc.** — "liberty," 18. **Égalité** — "Equality." 19. **Aristocrats, etc.** — Aristrocrats to the lamp-post. 20. **Bêtise** — Folly. 22. **Champagne** — Province of Champagne. 23. **Allemagne** — Germany 24. **Urmelodie** — Ancient tune. 25. **Dum, etc.** — Note the play in the words (dumm 2c.). 33. **Schulcompendien** - School books. 34. **Exc.** — Their Excellencies.

98. 1. **Hochdero** — Their noble ; dero, an old titular form, indeclinable. 1. **Altessen** — Highnesses. 3. **Allerhöchstdero** — Most noble, etc. 11. **Bundestagsbeschlüsse** — Parliamentary resolutions. 11. **Dramaturgie** — Dramatic work. 13. **Stirnreiben** — Brain-racking. 16. **Hofmarschallinnen 2c.** — Court-marshals' wives; court-cupbearers, plate-keepers, etc. 17. **Oberhofmeisterinnen 2c.** — Upper Court-mistresses, court-hunters' wives, etc. 21. **Maul** — Gullet. 33. **Collegium** — Lecture-room.

99. 1. **Schwarzmäntel** — "Red and Black Coat Danger;" allusion to clerical and military intrigues. 2. **Pausanias** — The Greek historian. 4. **Becker's** — K. F. Becker's "Universal History." 6. **Putaine** — Courtesan. 8. **Hammel** — To the aforesaid mutton; French proverb: "revenons à nos moutons." 10. **Völkerrecht** — Law of nations. 16. **Constitutionsgesinnung** — Constitutional tendencies. 22. **Malheur** — Scrape. **Hospitirte** — Sponged. 26. **Katheder** — Desk. 26. **Echauffirte** — (French) heated. 30. **Fußtrittlicher** — By kicking.

100. 1. **Lindenallee** — Avenue of lindens. 6. **Bettelstolz** — Greeted me condescendingly, proud as beggars. 12. **Intim** — Intimate. 17. **Zug** — March; **Simplon** — One of the Alpine passes. 21, 22, 23. **Lodi, Marengo, Pyramiden, Austerlitz, Jena 2c.** — Names recalling the victories of Napoleon. 29. **Trommelfell** — Ear-drum. — The Napoleon-worship of Heine is no where so evident as in these chapters.

101. 11. **Scheinlose** — Plain. 19. **Vielköpfige** — Many-headed. 20. **Völkerzweikampf** — War of races. 28. **Prusse** — Prussia was no more ! 30. **Römische** — The "Holy Roman Empire," the Empire of Germany, including Italy. After the coronation of Otto I. by the Pope in 961, the emperors of Germany laid claim to be successors of the Cæsars. 29. **Klerisei** — Clergy.

102. 4. Siebenmeilenstiefel=Gedanken — Seven-league-boots thoughts. 7. Zeit — All the days of his life. 22. Clio — Muse of History. 28. Sir Hudson — Sir H. Lowe, Governor of St. Helena, where Napoleon (who died in 1821) was confined six years. 28. Sizilianisch — Sicilian bandit.

103. 4. Bellerophon — The vessel, commanded by Capt. Maitland, on which Napoleon was conveyed to Plymouth, England, after the battle of Waterloo. 5. Canal — The Channel. 12. Buntbewimpelt — Many-colored pennons. 15. Las Casas, Omeara, Antommarchi — Biographers of Napoleon. 17. Londonderry — Lord Castlereagh, an Irish peer; English Secretary of War in 1815; later Marquis of Londonderry; committed suicide in 1822.

104. 17. Godesberg — A village near Bonn. Heine was a student at Bonn before he went to Göttingen. 25. Abgelebte — Shabby. 30. Friseurin — Hair-dresser. 32. Hofwanzen=vertilgerin — Court-bed-bug-destroyeress; court groggeries. 33. Hofgeisteskranke — Court-crazy-folk.

105. 2. Misère — Misery. 18. Jünglinghaften — Nearly grown. 20. Hutabnehmen — Bow (hat-lifting). 32. Kegelhütchen — "Stove-pipe" hat.

106. 23. Spukt — There are ghosts. 28. Untergeschosse — The lower rooms.

107. 9. Waisenkinder ꝛc. — Orphan children of glory. 14. Tambour — Drummer. 24. Schätzels — Sweetheart's. 32. Capote — Cloak.

108. 2. Verbrannter — Burnt out tinder. 7. Dozirte — Taught modern history. 22. Wirbel — Joyous drum-beat. 26. Geisterhaft — Wide and ghostlike. 28. **Moskwa** — Moscow.

109. 3. Abgrundtiefen — Profoundly deep. 9. Za=pfenstreich — Roll-calls. 13. **Du sublime** — "It is but a step from the sublime to the ridiculous." 20. Knittelversen — Doggrel of a puppet-show. 25. Tausendaktigen — Of a thousand acts. 27. Graziosos — (Ital.) Harlequins. 29. Kaiseractionen — Suits against emperors. 29. Bourbonen — The so-called "Restoration" of the "legitimate" Bourbon royal family of France took place after the fall of Napoleon. 30. Abgestandenen — Stale jokes. 30. Legitimen — Tender "legitimate" witticisms.—The Bourbons claimed the throne as the "legitimate" successors of the murdered Louis XVI.

110. 1. Graziöse — Gracefully. 1. Noblesse — Nobility. 2. Kapuzen — Capuchins. The Bourbons were usually fanatically catholic. 9. Lumpenbrettern — Beggarly boards. 10. Coulissen — Stage-scenery. 11. Souffleurstimmen — Prompters' voices. 13. Rang — Dress-circle. 14. Lorgniren — Use their *lorgnettes*. 16. Loge — Box. 18. Gage — Salary. 22. **Testamentum militare** — Soldier's will.

111. 11. Brütenden Hemisphären — Productive swaneggs of Leda. 17. Gedrängt — Compressedly. 19. Citirt — Quoted. 22. Grundgelehrter — Thoroughly erudite. 25. Korinthen — Currants. 26. Collegienheften — College Note-books. 27. Bartel — Bartle gets the must—"steals his thunder."

112. 3. Vorräthig — On hand. 4. Geistesbanquiers — Intellectual Bankers. 9. Beer — The Jewish dramatic poet, brother of Meyerbeer, the musician. 11. Courant — Currency. 19. Längst — Long-forgotten. 21. Handwerksburschen — Journeyman mechanics. 30. Gelahrtheit — Pedantry. 34. Anderthalb Jahrtausend — 1500 years.

113. 3. Suppen — Broths. 9. Suppenfleischtöpfchen — Soup-fleshpots. 13. Steinweg — Name of a street in Hamburg (?); or the author of the Hebrew Grammar? 27. Bileam's — Balaam. 28. **Vid.**, etc. — See Pentateuch,—book. 30. Ausfüllen — To be filled out hereafter.

114. 1. **Injuriarum** — For libel; citirt = summoned. 7. Hofrath, Baron ꝛc. — A fling at the title-loving inhabitants of the petty principality of Hanover.—Strodtmann. 11. Gelegenheit — While speaking. 13. Abelardum, Pico Mirandola ꝛc. — Abelard, etc. 17. Hugo — Professor Hugo, of Göttingen; Goethe was a law-student at one time. 19. Pfeife — Another's "piping." 20. **Itinere, etc.** — Travels in Germany. 21. **Quod, etc.** — "That the stench of tobacco was oppressive to him." 25. Elseverius — The famous Dutch printer, of Leyden. 26. Quart — Quarto. 30. **Dict., etc.** — Bayle's Historical and Critical Dictionary. 32. Vorderrand — In front.

115. 2. Boxhorn ꝛc. — Were driven into a "tight-place." 3. **De fuga, etc.** — On the Flight of Literary men. 5. Davon — Runaway. 8. Abarbanel — A character in an incomplete Spanish-Jewish historical romance, written by Heine. 9. Börse — Exchange black-board. 11. Systematie — The

science of systematology. 18. **Unfer einer** — Such as we.
20. **Nachträglich** — Consequently. 23. **Ideen ꝛc.** — Ridicule of the current philosophy of "ideas." 31. **Finden** — Will
be seen in due time.

116. 5. **Berlinisch eleganten ꝛc.** — Dandy Berlin days. 8.
Pastor — Reverend Mr. S. 21. **Karavanenwege** — Caravan
routes of the East. 23. **Kameel** — Double meaning : "camel"
and "blockhead." 28. **Nichts weniger** — Anything but.

117. 3. **Zeitgenossen** — Contemporaries in time and space.
7. **Triumphator** — One that had gained a triumph. 9.
Campo Martis — Campus Martius, or Field of Mars. 11.
Trophäenträger — Trophy-bearers. 15. **Gesagt** — As I said.
16. **Platonischen** — Those of Plato. 22. **Neugedachtes** —
Original. 25. **Schnabel gewachsen** — Just as my bill grows.
29. **Altonaer** — Altona. 30. **Umgekehrt** — The reverse.
31. **Gedankenquaterne** — A *quaterne* is a full prize of four
parts. 32. **Elohasängern** — Psalm-singers and moral poets.—
the **ER** seems to refer to Goethe.

118. 2. **Quartier ꝛc.** — Mansions are being made ready.
10. **Traktätchenverfasser** — Tract-writers. 15. **Gubitz** —
Prof. Gubitz, editor of the Berlin "Gesellschafter," the fashion-
able literary journal of the time. 20. **Langhoff'schen Druckerei** — Langhoff's printing-office. 23. **Makulatur** — Waste-
paper. 24. **Leicht ꝛc.** — It is easy for you to talk. 25.
Nonum, etc. — Horace, *Ars Poetica*, l. 388: "let your
poem, etc., be put away for nine years." 29. **Recept** — Recipe.
32. **Trüffeln** — Truffles ; **Lerchenrippchen** = Lark-ribs
with Teltow turnips ; **Pfauenzungen** — Peacock-tongues, etc.

119. 1. **Umsonst** — *Gratis*. 5. **Taugten nicht** — Would
not be fit for the hunt for similes, etc. 9. **Bologneser** —
"King Charles;" **Dachs** = terrier. 11. **Apportiren** —
Fetch (French—*apporter*). 19. **Ehrenerklärung** — To vin-
dicate the honor, etc. 21. **Unanwendbarkeit** — Inapplica-
bility. 22. **Schürzenstipendium** — "Apron-pay," remunera-
tion. 23. **Ma foi** — In faith. 33. **König von England** —
Name of an inn.

120. 4. **Federlesens** — Pen-picking. 11. **La reine, etc.**
— "The Queen is dead—long live the Queen !" 15. **Seelsorger**
— Casuist and carer for souls. 17. **S.** — **Seite** = Page. 23.
Baares — Cash pay. 24. **Wolle** — "In clover." 25. **Ge-**

rathen — Turned out. 29. Händereibenvergnügt — Rubbing his hands with pleasure.

121. 7. Wohlgepolsterten — Well-lined. 7. Millionarrn — Note play on Narr (fool). 9. **Chaise percée** — Night commode. 24. Fettgewölbt — Plumply rounded. 29. Geht — My heart expands.

122. 1. Verständnißinnig — Intelligently. 2. Croupe — Coquets with the crupper. 2. Kourbettirt — Curvets. 5. Stange, Trense — Ride with a curbed bit or a snaffle-bridle. 8. Zwischentragende — Scandal-bearing. 10. Ehehälfte — Better "half;" Roué — Rake. 15. Anzuschließen — To become better acquainted. 17. Chevaleresques — Chivalrous. 21. Hausinventorium — Inventory of my property; Adreßkalender = City directory. 22. Bankerott — Bankrupt. 23. Gewerbsquellen — Sources of profit. 29. Schnapsflienten — *Schnapps*-clients. 32. Lauter — All. 33. Chronique — Tittle-tattle.

123. 2. Hin — What are you thinking of? 8. Kümmel — Cumin brandy. 16. Lumpen — Blackguards. 19. Obscuranten — Obscurity, intriguer. 20. **Mais, etc.** — But shall you see any better then? 21. Augenscheinlichement = augenscheinlich — *ment* (French adverbial suffix of manner). 26. Natura — Actually; **Effigie** = In effigy. 30. Weiß machen — Let himself be fooled (play on weiß). 33. Wappenzeugniß — Certificate of nobility.

124. 12. Am Rhein ꝛc. — Lines from songs. 17. Beglaubigungswappen — Inspector's mark. 21. Amtswegen — Officially. 27. Weinberge — Vineyard. 32. Schmoren — Baste. 34. Fête — Feast.

125. 4. Mohren — To Ethiopia (referring to George IV. of England?) 6. Philoschnaps — *Schnapps*-lover. 7. Ochsen — "As an abusive epithet in German = English ass." —Leland. 9. Persisches Reich — Allusions to some contemporary tragedy-writer, who introduces Alexander, the Kingdom of Persia, etc., into his work. 12. Kunstverständigen — Artistic. 15. Clauren — The licentious romance writer Heun, whose fondness for diminutives in =chen and =lein Heine ridicules. 16. Bernhardinerinnen — Women of the order of Bernhard. 19. Taschenbordellchen — Pocket-brothel. 20. Jettlich — Lusciously. 21. Sellerie=Gemüschen — Plate of celery. 22. Puppert — Bounds. 23. Hofdame — Maid of honor.

26. **Pommer'ſchen Gänſebrüſten** — Pomeranian goose-breasts. 27. **Stockfiſch** — Note double meaning of this and other terms here. 33. **Alexis** — Assumed name of G. W. Häring (1798—1871), a German imitator of Scott. Heine is apparently alluding to his real name, "herring"-salad probably not being a favorite.

126. 7. **Spicke** — Lard. 9. **Spaßvögel** — Jokers. 11. **C'est la guerre!** — "It is war-time!" 18. **Himmelſchreiend** — Crying to heaven. 24. **Altariſtoteliſchen** — Ancient Aristotelian.

127. 4. **Les paroles, etc.** — ''Words are made to hide our thoughts." 8. **Alleinſeligmachenden** — Alone-soul-saving. 10. **Bürgerſinn** — Patriotism, stall feeding, etc. 17. **Umhin** — Cannot help. 24. **Vernunftſurrogat** — Substitute for reason. 25. **Runkelrüben** — "Beet-root," "poll-parrot" reason. 27. **Abtrünniger** — Renegade, fugitive, etc. 31. **Preis** — Abandon.

128. 11. **Rechtswegen** — Lawfully and religiously. 18. **Politiſiren** — Talk politics. 23. **Portechaiſe** — Hackney-coach. 27. **Profeſſor** — Professor extraordinary. 28. **Bekehrungsgeſellſchaft** — Society for converting the Heathen. 33. **Poſtillonsſtiefel** — Postilion's boot. 34. **Etrusciſche** — Etruscan.

129. 1. **Betſtunden** — Hours of prayer. 11. **Schlaraffenleben** — Fool's paradise. 20. **Rekrut ꝛc.** — Unborn babe. 24. **Gnadenſeligen** — Roll the eyes in pious rapture. 24. **Gläubigverſchränkten** — Crossed in faith. 28. **Hocherlauchte** — "Gracious Highness" (title). 30. **Carrière** — Career.

130. 2. **Hohenliede** — Solomon's Song. 14. **Ratcliffe, Almanſor, Intermezzo** — Dramatic and lyrical poems by Heine. 17. **Allernärriſchſte** — Most foolish of mankind. 21. **Eh bien** — Well! 24. **Schwindelt** — Gets giddy. 26. **Muthe** — At dinner I feel. 29. **Milchſtraße** — Milky Way.

131. 2. **Kümmel** — Jews? (Caraway-seed Turks). 4. **Haude= ꝛc.** — Haude and Spener's Journal. 5. **Geſellſchafter** — The "Companion Journal." 8. **Stich** — In the lurch. 25. **Unter uns** — Between us. 31. **Dreißigpfünder Blick** — Thirty-pounder glance.

132. 8. **Quernarben** — Cross-scars. 9. **Sieben Ver=**

gen — The Siebengebirge, or Seven Mountains opposite Godesberg, near Bonn, on the Rhine.

133. 21. **Manupolirt** — Manipulated. 31. **Système etc.** — "System of Nature." 32. **Anzeiger** — Westphalian "Advertiser." 32. **Schleiermacher** — The great Preacher (1768–1834), who opposed at once the Lutheran dogmatic theology and the rationalism of the age. He held peculiar views about the personal dependence of the soul on God.

134. 4. **Marienliedchen** — Hymns to the Virgin Mary. 10. **Goldflitterchen** — Gold-tinsel. 15. **Heiligen** — Saint's image. 29. **Sanct Marcusplatz** — St. Mark's Square in Venice.

135. 3. **Gondel** — Gondola; **Zimmer** — Cabin. 30. **Brenta** — Brenta river, which empties into the Adriatic near Venice. 30. **Heraufgestiegen** — Came marching up.

136. 1. **Vous etc.** — You weep, Madam? 5. **Sterbekissen** — Pillow to die on. 19. **Königswinter** — A village on the Rhine opposite Godesberg.

137. 20. **Jokey** — Jockey — (page). 27. **Bramine** — Brahman. 27. **Ganesa** — The Indian "God with the elephant's trunk" 29. **Maneka, Indrah** — Allusions to deities of the East Indian mythology.

138. 2. **Lotosgeblümten** — Lotus-flowered. 5. **Strohgelbe** — Straw-colored. 17. **Dinge** — Is cheerful.

139. 1. **Füllen** — Plugging—with a pistol-ball. **Barthold Schwarz** — The reputed inventor of gun-powder. 11. **Jungfernkranz** — Virgin wreaths. 13. **Larallala** — Bridesmaid chorus in the Opera *Der Freischütz.*

UNTERHALTUNGS BIBLIOTHEK.

A collection from the best Short Stories in German Literature, carefully printed for the use of Students, in 12mo volumes, with paper covers.

Andersen.
Bilderbuch ohne Bilder. With Notes, . . . $0 30
Die Eisjungfrau, und andere Geschichten. With Notes, 50

Carove.
Das Maerchen ohne Ende, ... 25

Eichendorf.
Aus dem Leben eines Taugenichts, ... 50

Fouqué.
Undine, with Vocabulary, ... 40

Grimm.
Die Venus von Milo ; Rafael und Michel-Anglo, . 50

Heyse.
Die Einsamen, ... 25
Anfang und Ende, ... 30

Mügge.
Signa die Seterin, ... 30
Riukan Voss, ... 30

Nathusius.
Tagebuch eines armen Fræuleins, ... 60

Ploennies.
Princessin Ilse. With Notes, ... 25

Putlitz.
Was sich der Wald erzæhlt, ... 30
Vergissmeinnicht, ... 25

Storm.
Immensee. With Notes, ... 25

Tieck.
Die Elfen ; das Rothkaeppchen. With Notes, . 35

HENRY HOLT & CO., Publishers,
716   NEW YORK.

⁎ *Any one discovering an error in any of Messrs. Henry Holt & Co.'s publications. will confer a great favor by reporting it to the publishers immediately.*

If the teacher using the book in which this notice is printed will have the kindness to notify the publishers of the fact, he will confer a favor on them, and enable them to send directly to him information of new books in his department.